Ugo Igbo Language Children's Dictionary

Researched & written by

Ada Onwukeme

Edited by Akuba Maduagwu

Illustrated by

Christy Schneyman

Photo credits: Unsplash

Serendipity Press, Jos

"...His Excellence is over Serendipity Press..." Ps. 68:34b

Ugo Igbo Language Children's Dictionary

Published by Serendipity Press,

Jos, Nigeria

www.adaonwukeme.com

Copyright © 2023

by Serendipity Press, Jos

All rights reserved. No portion of this dictionary may be reproduced in any form or any means without the written permission of the publisher with the exception of brief excerpts in reviews.

As a partridge that broods but does not hatch, so is he who gets riches, but not by right; it will leave him in the midst of his days, and at the end be a fool. Jeremiah 17:11

Ugo Igbo Language Children's Dictionary

Ugo Igbo Language Children's Dictionary is a literary work to enable Igbo children and lovers of Igbo language learn, sustain, and perpetuate the Igbo language unto eternity.

ISBN 978-978-36057-2-5

APPRECIATION

Ugo Igbo Language Dictionary is the Handwork of the Our Almighty God, Who, endowed us with the Igbo language and gave the inspiration and resources to put this literary work together. To Him be Glory, Honor, Power, Majesty, and Splendor now and for eternity.

I am most thankful for these marvelous people who helped me with this work: Rev. Chidi Ochiabuto, Rev. Kenneth Keke, S.S.J., Rev. Chidi Ekpendu, Mrs. Iheakanwa Obioha Ibeneme, Ambassador E. Onyeabo Onwukeme, Dr. Mrs. Nwabuaku Obioha Kanu, and Chinwe Nweri.

DEDICATION

This dictionary is dedicated to all Igbos who ever lived, is living, and ever will live till Jesus Christ comes.

FOREWORD

Most often in my ministry here in the United States, I encounter immigrant families especially of Igbo tribe that express some form of frustration with their inability and failed attempts to inculcate the Igbo Language in their children born in America. I have felt their pains and disappointments because the apparent disconnection from the language also diminishes their admiration and identification with their ancestral culture. This remains a continuous struggle with immigrant families. So, my first encounter with Ada Onwukeme was spectacular when she showed up in my parish office seeking my audience. She showed enthusiasm and deep love for the integral, spiritual, and cultural development of children. She introduced me to her several publications and programs that simply equip families for their children's empowerment. I was moved to introduce her to my school principal and engaged her to visit with my middle school students for a reading exercise. She did exceptionally well by fully engaging the students in the exercises. The students' confessions are the evidence. They wanted more of her teaching.

Her latest book, Ugo Igbo Language Children's Dictionary is a manifestation of Ada's profound love and appreciation of culture especially her ancestral language of Igbo. I wish to invite all Igbo immigrant families and all lovers of language and cultures to possess this book. This is an investment for you and your children that will address the frustrations with learning and retaining the Igbo language. Ada has earned a special style of writing that invites and sustains your interest because of her passion and mastery of the subject matter. Her whole mission is empowerment and knowledge. I urge you to grab your copy now. I am so pleased to identify with Ada Onwukeme and her mission for the good of the culture.

Rev. Kenneth C. Ugwu

Very Rev. Dr. Kenneth C. Ugwu, SSJ; PhD.
Pastor, Holy Name of Jesus Catholic Church, Los Angeles, CA

PREFACE

Sometime in 2006, I was prompted to write a language curriculum by the LORD. At first, I was like there are so many English language curriculum that there is no need for me to write another one. English language curriculum is a flooded market. Some weeks later, I understood I was to create an Igbo language curriculum. Two things that confirmed I was to write an Igbo language curriculum, was the report the United Nations published that if Igbo language is not spoken, in fifty years it will become extinct, because many present Igbos do not speak Igbo with their children. Consquently, it became a concern for me that it should not be extinct. Ihostler said, "If a language is one that people don't participate in, it's not a language anymore." Truly so, because, language is one's identity among the nations and tongues in the world. Yorubas people are known by their language, Hausas by their language, French people by speaking French, Germans by speaking German, and the list goes on.

The other confirmation was a conversation I had with my sister-in-law, Mrs. Uloma Onwukeme, - while we were on the phone one day, she asked me "Ada, why don't you write something in Igbo?" I smiled and told her that I am doing that already. Within me I knew right then and there that it was a confirmation to continue the development of an Igbo Language Curriculum.

Next, I made the outline of what the curriculum should be. As I designed, developed, and wrote the curriculum, within two months it occurred to me that the students will need a dictionary to be successful in learning to speak, read, and write in Igbo. Consequently, I stopped working on the researching and writing the Igbo language curriculum and started working on a dictionary that became **Ugo Igbo Language Children's Dictionary**.

It has taken a long time with so many challenges that by God's special grace and mercy they were all surmounted, it is now published. To God be all the Glory, Honor, Power, and Majesty for His enabling grace and mercy.

Please, do speak Igbo to your children, Igbo family members, and Igbo friends. If our present generation does not speak Igbo, the next generation will not be able to pass it on to their children and our identity as Igbos will be lost. Furthermore, to appreciate our Almighty God and thankful for endowing us with such beautiful tongue. "If a language is one that people don't participate in, it's not a language anymore." Ihostler

Thank you for acquiring the ***Ugo Igbo Language Children's Dictionary.*** Enjoy, the dictionary.

Check out our curriculum ***Ugo Igbo Language Curriculum Series*** print or online: www.adaonwukeme.com

A

Aba - Obodo di n'Abia steti: Ka ayi je Aba. *Let's go to Aba.*

Abia - Otu [ofu] n'ime steti di n'ala Igbo: Ọ bu onye Abia steti. *She/he is from Abia State.*

Abagana - Obodo di n' Anambra steti: A gara m Abagana. *I went to Abagana.*

Abatete - Obodo di n' Anambra steti: Nne m bu onye Abatete. *My mother is from Abatete.*

Africa – Obodo Afrika: Obodo Afrika bu ala ayi. *Africa is our land.*

Anambra - Otu [Ofu] n'ime steti di n'ala Igbo: Ayi bu ndi Anambra. *We are from Anambra.*

Abandon – Mgbagha: Umuaka gbahara ofe onugbu. *The children abandoned the bitter leaf soup.*

Abide –Nonyere; Nodụ: Nọdụ be ayi. *Abide in our place.*

Ablaze – Nere ọku; [Imunye ọkụ]: Ugwu ahu nere ọku. *That hill is ablaze.*

Able – Nweru ịke [nwelu ike]: E nwere m ike inya ụgbọ a. *I am able to drive this car.*

About – Maka: Ayi n'akọ maka obodo ayi. *We are talking about our town.*

Above – N'elu: Anọm n'elu ala. *I am above the ground.*

Absent – Ọnọghi: Ọnọghi ubọchi ahu emere ọgbaghara. *He/she was absent the day they rioted.*

Abuse - Megbu [Mejọ, mkpagbu]: Ọdighi nma imegbu madu. *It is not good to abuse people.*

Academy - Ulo ọmumu ihe: Ayi nwere ulo imuta aka ọru n'a be ayi. *We have a skills academy in our place.*

Accent – Ụda asụsụ: Ụda asụsụ gi dika i bu onye Anambra Steti. *Your accent sounds like you are from Anambra State.*

Accept – Nara; [Nata; Nalu]: Nna, biko nara ekene. *Father, please accept our thanksgiving.*

Accident – Ihe mberede; [Ọdachi]: Unu agaghi enwe ihe mberede nke okporo uzọ. *You will not encounter a road accident.*

Accuse - Ebubo: E boro ya ebubo ugha. *She/He was accused falsely.*

Admission – Mkpọbata; [Nabata; Iwe ihe]: Eweere ha n'ulo akwukwọ. *They were admitted in the school.*

Adult – Okenye: Umu ejima awurula okenye. *The twins are now adults.*

Advent – Ọbibia: Ekenele m Onye Nwe Ayi n'obibia Ya. *I thank our Saviour for His advent.*

Advertise – Igbasa ozi maka ngosiputa ngwa ahia: Biko jee gbasa ozi maka akwukwọ Igbo ayi dere ọhuru. *Please advertise the new Igbo book we wrote.*

Advocate - Ọnu n'ekwutelu: Ọ bu ọnu n'ekwutelu ndi ogbenye. *He advocates for the poor.*

Affidavit – Iṅu iyi: Je/ga ṅuọ iyi maka asambodo ọmụmụ gi. *Go and swear an affidavit for your birth certification.*

Affluent – Iba uba: Ha bara uba. *They are affluent.*

Afraid – Egwu; [Ụjo]: Atu la egwu. *Do not be afraid.*

After – N'esote; [Emesia]: Ehihe n'esote ututu. *Afternoon comes after morning.*

Afternoon – Ehihie; [Efifie; Ukoli]: Bia rie nri ehihie. *Come and have an afternoon* *meal. Or come and have lunch.*

Again - Ọzọ: Aga m abia ọzọ. *I will come again.*

Age - Afọ; Arọ: Arọ one ka idi? *How old are you?*

Agree – Nkwete; [Ikwetara; Kweta]: Ikwetara n'iga aga? *Did you agree that you'll go?*

Ahead: N'ihu [N'iru]: Ayi nọ n'ihu. *We are ahead.*

Aid – Inye aka: Ka ayi nyere ha aka buru ihe a. *Let's aid them to carry these things.*

Air – Ikuku: Ina anara ikuku? *Are you getting some air?*

Airplane - Ugbọ elu; [Enu]: Ugbọ elu ha adaana. *Their airplane has landed.*

Alert – Ike nkwucha: Ke nkwucha maka ndi ọjọ. *Be at alert because of evil people.*

All [people] – Ha dum: [ha nine; ha ncha] Ha dum mara Chukwu. *They all know God.*

All [things] – Ihe dum [ihe nile]: Ihe dum ndi a bu nke gi. *All these things are yours.*

Allegation - Ebubo: Ha boro ya ebubo. *They made an allegation against him/her.*

Alligator - Agu Iyi: Agu iyi no na miri di n'azu be ha. *There is alligator in the stream behind their house.*

Alms - Onyinye ebere: Onyere ndi ogbenye onyinye ebere. *He/She gave alms to the poor.*

Alphabet - Mkpuru edemede: Jee muọ mpkuru edemede Igbo. *Go and learn Igbo alphabets.*

Altar - Ebe nchu aja: Ejere m n'ebe nchu aja n'ulo uka. *I went to the altar* *in church.*

Altogether - Ha niile: Ha niile amaka. *Altogether they are good or beautiful.*

Always - Oge dum; Oge nile [oge nile; oge ncha; mgbe nile, mgbe nile]: Ha n'aru ọlu oge nile. *They are always working.*

Among – N'ime: Ị bụ otu n'ime ha? *Are you among them?*

Ancestor – Ndi mgbe ochie; [Ndi nna nna ayi]: Ayi n'akwanyere ndi nna nna ayi ụgwụ. *We honour our ancestors.*

Ancient – Ochie: Oche ayi di ochie. *Our chair is ancient.*

Anger [Angry] - Iwe: Iwe ewe na gi. *Don't be angry.*

Animal – Anumanu: Ụmụ anumanu nọ na okporo ụzọ. *There are animals on the road.*

Anguish – Iwe mkpụrụ obi: Biko ekwe na ka iwe ha baa mkpuru obi. *Please do not let them be in anguish.*

Ankle - Nkeji ukwu [ọkpa]: Ọla edo igba n'nkeji ukwu amaka. *The gold jewellery on your ankle is beautiful.*

Annex – Mgba-kwunye: Mgba-kwunye mkpuru abua n'ulo ayi? *Should I join two annex rooms to our house?*

Annihilate – Kpochapu: Kpe ekpere ka Chukwu kpochapu ọbụbọ n'ata ubi ọka ayi. *Pray that God may annihilate the locust in our corn farm/field.*

Anniversary - Ubọchi [izu] ncheta: Tata bu ubọchi ncheta agbam akwukwọ ha.

Today is the anniversary of their wedding.

Announce – Ekwusa; [Īma ọkwa]: Onye nkuzi kwusara maka itu utu. *The teacher announced about the contribution.*

Annoy - Ime ihe iwe [ikpasu iwe]: Biko, emezila ihe n'akpasu madu iwe. *Please, do not do things that annoy people.*

Anoint – Ite manu: Samuel tere David manu ka ọburu eze. *Samuel anointed David to be king.*

Answer – Za: Biko onye g'azam ajuju a? *Please, who will answer this question for me?*

Ant – Ndanda; [Ahụhụ; Arụrụ]: Ndanda di ebe ahụ. *There are ants there.*

Antagonize – Akpasula iwe; [Mekpa aru/ahu]: Ndi ojọ n'akpasu onwe ha iwe. *Evil people are antagonizing themselves.*

Antelope – Mgbada: A huru m mgbada ụnyaahụ/nnyahu. *I saw an antelope yesterday.*

Anti-social - Isọ madu: I na-asọ madu? *Are you anti-social?*

Any – Nke ọ bula: Nye m nke ọ bula. *Give me any.*

Anybody – Onye ọ bula: Onye ọ bula nwere ike ibia. *Anybody can come.*

Anyhow - Otu ọ bula: Otu ọ bula ha siri were chọ. *Anyhow they want it.*

Apologize - Iyọ mgba-ghara: Ha yọrọ mgba-aghara. *They apologized*

Apostle – Onye-izi: Pọl bu onye-ozi Jisọs Kraist. *Paul is an apostle of Jesus Christ.*

Appeal - Irọ; [Itiku; Iyọ; M'kpọku]: Jekwuru onye isi ọka-ikpe ka irọ ya ka otugharia ikpe. *Go to the judge and appeal the case.*

Appearance – Ile Anya; [Ipụta ihe]: Umuaka di nma

ile anya. *The children are beautiful in appearance.*

Applause - Ikụ aka: Aka akuru di ọtutu. *The applause was much.*

Applaud – Ito madu; [Ito otuto]: E toro ha ezigbo ọtutu. *They were applauded very well.*

Appoint - Ihọputa; [Nghọputa; Irọputa; Ikpọ nite]: I họpu tala onye ga abu onye si? *Have you appointed who will be the head?*

Appreciate – Huta Amara; [Nata Amara]: Kelechi huta amara mere ya. *Kelechi appreciated what we did for her.*

Apprentice – Igba odibo; [Igba odibo maka imuta aka ọru]: Emejuru n'agbara Mazi Okeke odibo maka imuta ka esi azu ahia ụgbọ ala. *Emejuru is an apprentice with Mr. Okeke so he can understudy car sales.*

Approval – Nata amara; [Inye iwu iga n'iru: Uche achọrọ nani nata amara Chukwu. *Uche wants only God's approval.*

April – Ọnwa nke anọ: Amuru Ebele n'ọnwa nke anọ. *Ebele was born in April.*

Argue – Iru uka; [Mgba-gharị okwu]: Jekwu gini mere iji aru uka? *Jekwu why do you argue?*

Arm [hand] – Aka: Aka gi toro ogologo. *Your arm is long.*

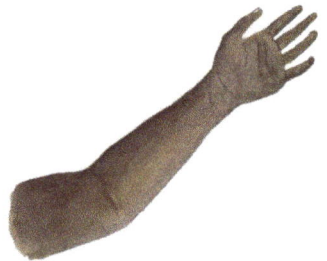

Arm [weapon] - Ngwo agha; [Ngwa ọgu]: Onye na zu ngwa agha, ebe udo di? *Who buys arms when there is peace?*

Around [near] - Ino nso; [Ihe di nso]: Miri di ayi nso. *There are creeks around our house.*

Around [surround] – Gburu-gburu: Umu Ada gbara ya gburu-gburu na ubi. *Ada's* *children are around her at the garden.*

Arrange – Do N'Usoro; [Kwazie]: Do efere n'usoro? *Arrange the plates?*

Arrest – Iwere; [Ikpara aka]: Ndi uwe oji kpara ha aka. *The police arrested them.*

Arrive – Biaruo: Ndi ọgọ gi biaruo la. *Your in-laws, have arrived.*

Arrogance – Npako; Uko: Ndi a n'eme nganga. *These people are arrogant.*

Articulate – Uche N'Okwu; [Ikpa kọta uche olu]: Umuaka ha nwe kwara uche n'okwu. *Their children are articulate.*

Ascend - Rigo: Jisọs Kraist rigoro n'elu Igwe. *Jesus Christ ascended into Heaven.*

Ash – Ntụ: Je kpo chapu ntu. *Go and clean up the ash.*

Ashamed - Ihere mere [Ifele, Ighele]: Ihere adighi eme ya. *He/she is not ashamed.*

Ask – Jua: Jua ha ajuju. *Ask them questions.*

Asleep – Araru Ura [Ihi ura; Iraghu ura]: Nwannem nwanyi torom n'hi ura. *My older sister is asleep.*

Ashore – Agiga miri [Ụsọ miri, Nkọ miri]: Ugbọ epepe di n'agiga miri. *The canoe is ashore.*

Aspire – Igba mbọ: Ọ n'agba mbọ ibu dọkita. *He/She is aspiring to be a doctor.*

Ass [Donkey] - Inyinya ibu: Ị ji inyinya ibu ebu ibu gi? *Are you using an ass (donkey) to carry your load?*

Assemble – Zukọ; [Chikọta; Ọgba-kọ]: Ndi madu zukọ n'ama egwuru-egwu. *People gathered at the stadium.*

Assimilate – Nghọta: Ighọtara ihe aku-ziri? *Did you assimilate what was taught?*

Assist - Iye aka; [Inye aka; Enyem aka]: Biko nyerem aka dee akwa. *Please, help me to iron the cloths.*

Assort [assorted] – Di iche iche: Umuaka nwere akwukwọ ọgugu di iche iche. *The children have assorted reading books.*

Astonish [Surprised] – Gbagwoju anya; [Itu anya]: Obibia ha turu m n'anya. *I was astonished at their coming.*

Athlete – Onye/Ndi asọ m mpi egwuru-egwu: Ọtutu ndi asọ m mpi egwuru-egwu gara ọgbakọ egwuru-egwu mba uwa. *A lot of athletes went for the Olympics.*

Attach – Tiye [Mgbakwunye]: Ị tiye-nyere foto n'akwukwọ ịdere m? *Did you attach a photo to the letter you wrote me?*

Attack – Iba ọgu: Aba-kwala nwanne gi ọgu. *Do not attack/fight your sibling.*

Attain – Rue [Nweta]: Chioma rutere asambodo mahadum. *Chioma attained a university degree.*

Attend – Je ihe: I jere uka? *Did you attend the Church Service?*

Attention – Lezie Anya; [Tọ nti n'ala; Igba do anya]: Biko umum lezie nu anya n'ulo akwukwọ. *Please, my children pay attention in school.*

Attitude – Iru obi; [Agwa; Omume]: Uchenna nwere ezigbo iru obi. *Uchenna has a good attitude.*

Attorney – Onye ọka ikpe: Otu onye ọka ikpe n'ime ha bu nwanyi. *One of the lawyers among them is a lady.*

Audacious – Enweghi ujọ; [Ujọ adighi; Egwuatu]: Ujọ adighi m. *I am very audacious.*

Audible –Iṅu ihe: Ina'ṅu ihe ha na ekwu? *Are they audible enough for you?*

Audience – Iru; [Ndi nọ n'ọgbakọ]: Mgbe Popu biara enwere ọtutu ndi nọ n'ogbakọ. *When the Pope came, there was a large audience.*

August – Ọnwa asatọ n'arọ: Aga m abia n'ọnwa asatọ. *I will come in August.*

Aunt - Nwanne nne na nwanne nna: Nwunye Jidema bu nwanne nnem. *Mrs. Jidema is my maternal aunt.*

Authority – Ike; [Ikike]: Onye nyere gi ike ime ihe a? *Who gave you the authority to do all this?*

Automatic – Ozugbo ozugbo: Ha nyere m ọlu ozubgo ozugbo. *They gave me the job automatically.*

Automobile [Car] - Ugbọ ala: Ugbọ ala nke a amaka. *This car is nice/good.*

Available - Ihe di: Ihe di n'ulo bu nani ose. *What is available in the house is only pepper.*

Avarice – Oke ọchichọ: Biko achọ kwana oke ọchichọ. *Please, do not be taken by avarice.*

Aviator [pilot] - Onye n'anya ugbọ elu: Ichọrọ imu ka esi anya ugbọ elu? *Do you want to learn how to be an aviator?*

Avocado – Ụbe beke: Were ụbe bekee. *Take the avocado pear.*

Avoid – Zere [Isọ ihe]: Zere ihe ọjọ. *Avoid evil.*

Await – Nechere; [Chere]: Ayi nechere ọbibia nke abua Jisọs Kraist. *We await the second coming of Jesus Christ.*

Awake – Teta; [Muru anya; Tete]: I tetara maka gini? *Why are you awake?*

Award - Nturu ugo: I nwetere nturu ugo? *Did you receive an award?*

Away – La; [Ọpupu; Puọ; Anọghi; Zilaga]: Ha lara. *They are away.*

Awesome – Di Egwu; [Odogwu]: Chukwu di egwu. *God is awesome.*

Awful - Ihe ọjọ: Ha mere ihe ọjọ. *What they did is awful.*

Awkward - Igba aka ekpe: Ihe a gbaram aka ekpe. *This is awkward to me.*

Awoke – Teta; [Ntete; Tete]: Nwata eteta n'ura. *The baby awoke from sleep.*

Axe – Anyu-ike; [Onike]: Were anyu-ike were gbupu osisi a. *Take the axe and cut the tree.*

B

Baby – Nwa [infant: nwa ọhuru; nwa ọfu]: Mama Sochi mụrụ nwa. *Sochi's mom gave birth to a baby.*

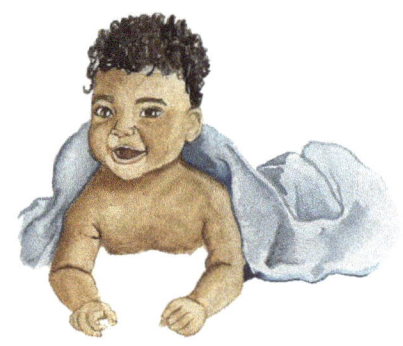

Baboon – Enwe: Enwe nke a buru ibu. *This baboon is big.*

Baby sit - Iku nwa [I lete nwa anya]: Biko letere m [le doro m mu] nwa m anya. *Please, babysit my baby for me.*

Bachelor – Oko-kporo: Agina bu oko kporo. *Agina is a bachelor.*

Back – Azu: Ekwu kwala madu okwu n'azu. *Do not talk about people behind their back.*

Back out – Puwa: I ha puru okwu ayi kwuru? *Did you back out from our talk?*

Backfire – Chigharikwasi; [Ibi-agha chi]: Ihe ndi ojo mere, chigharikwasi n'isi ha. *What wicked people did backfire.*

Backward – La azu; [Iji azu aga; Dala-azu; Daghachi-azu]: Obioma, biko kporo nwa ka ojile dala azu. *Obioma, please, take the baby so she does not fall backwards.*

Backyard - Azụ ulo [uno]: Chizor oche gi di n'azu ulo. *Chizor your chair is in the backyard.*

Bad – Ọjọ; [Mebiri; Nmebi; Adighi nma]: Amaka sina osisi a adighi nma ọkuku. *Amaka said, this tree is bad for planting.*

Bag – Akpa: Nwanne m nwanyi go-tere m akpa. *My sister bought a bag for me.*

Bail - Igba puta: Onye ọka ikpe gba-pu-tara Somto na nga. *The attorney bailed Somto out from jail.*

Balance – Ọkwụ doro nke ọma [Chim chim, Ezigbo, Ọfuma]: Oche Nkechi kwụ doro nke ọma. *Nkechi's chair is well balanced.*

Bale - Ukwu akwa; [Ukwu ahihia]: Kpo- kọrọ ukwu ahihia n'iru ulo. *Gather the grass into bales in the front yard.*

Ball – Bọlu: Kanu Nwankwọ mara agba bọluu. *Kanu Nwankwo knows how to play ball.*

Ballot - Ītu nye [itu wi] akwukwọ: Onye ka iga tunyere akwukwọ? *Who will you vote for?*

Ballroom – Ime ulo-ite egwu; [Mkpụrụ Igba egwu; Ebe ana agba uri]: Ime ulo-ite egwu jụrụ eju. *The ballroom is full.*

Bamboo - Achara [achala]: Ebere ji achara ekwe oche n'ute. *Ebere uses bamboo to weave chair and mat.*

Ban – Ihe ebibie; [Nmachi iwu]: Manya ọkụ so na ihe ewezugara ka ihe ebibie. *Hot drinks are among banned products/goods.*

Banana - Unere ọcha; [Unele] ọcha: Chuma were unere ọcha chara-acha. *Chuma took a ripe banana.*

Banister [on staircase] - Ihe njide aka okporo igwe/osisi: N'ejide aka n'okporo igwe/osisi ma ina agbago ma ọbu ị na agbada ta stepu. *Hold onto the banister [iron/wood] as you go up or down the stairs.*

Bank - Ọba ego; [Ulo aku; Unọ aku; Ọba aku]: Ugo kedu aha ọba ego gi? *Ugo what is the name of your bank?*

Bankrupt - Ọghọrọ ahia; [Ọkuru ahia]: Ahia ọ na-azu ghọrọ ya ahia; ọnwa nke gara aga ọkuru ya ahia. *He had no profit; last month he went bankrupt.*

Banquet – N'ọṅuṅu-manya na oriri [olili]: Onye Eze kpọrọ ayi n'ọṅuṅu-manya na oriri. *The king invited us for a banquet.*

Baptism: Miri Chukwu: Emeka n' Ebere mere nwa ha miri Chukwu. *Emeka and Ebere baptized their child.*

Barbeque – Anu amiri n'ọku: Ayi nwere anu amiri n'ọku. *We have barbequed meat.*

Bareback - Ogbe azu: Ekwy gini mere gi n'ogbe azu? *Ekwy what happened to you on your bareback?*

Bargain - Ikwe ihe ọnu; [Ịzu ahia]: Chidi ikwe kwara ya ọnu nke ọma? *Chidi, did you bargain well?*

Barking – Araghari-ire; [Igbọ ụja]: Nkita Ekene n'araghari-ire-ya. *Ekene's dog is barking.*

Barren – Aga: Mikal bu nwanyi aga. *Michal was a barren woman.*

Barter [trade by barter] - Izu ahia n'ejighi ego: Ndi mgbe ochie zuru ahia n'ejighi ego. *In the olden days, people traded by barter.*

Basin/pan – Ugba: Chinelo, biko, were ugba sa akwukwọ nri. *Chinelo, please, take the basin, and wash the vegetable.*

Basket - Nkata [Ekete]: Eji-ghi nkata eku miri. *You do not use basket to carry water.*

Basketry – Ikpa nkata [Ikpa ekete]: Eji ikpa nkata were mara ndi be Mazi Okoro. *The family of Mr. Okoro is known for their basketry.*

Bat – Usu: Usu ji abali efe. *Bat flies at night.*

Bathe - Isa aru [Isa aru; Iwu ahu]: Biko, Ijeọma je sa aru. *Please, Ijeoma go take a bath.*

Bathroom – Ime ulo ana isa aru; [Mkpuru, mkpulu, isa aru/ahu]: Ime ulo isa ahu di ọcha. *The bathroom is clean.*

Battle - Agha [ọgu]: Eze Devid gburu Gọlaiat n'agha tupu ọburu eze. *King David killed Goliath in battle before he became a king.*

Beak – Ọnu [Anu-ufe; Nnunu]: Ọnu nnunu nke a di mpi-mpi. *The beak of this bird is pointed.*

Beans – Agwa: Chinasa, banye agwa na miri. *Chinasa, soak the beans in water.*

Beautiful – Nma: Adaeze mara nma. *Adaeze is beautiful.*

Bed – Akwa; [Ihe-ndina]: Adaku, je mezie akwa/ihe-ndina. *Adaku, make the bed.*

Bedbug - Chin-chi: Chin-chi adighi n'elu akwa/ihe-ndina. *There are no bedbugs on top of the bed.*

Bedroom – Ime ulo ndina; [Ime ulo ura; Mkpuru ura; mkpulu ula]: Ọ na ehi ura na ime ulo ndina. *He/she is sleeping in the bedroom.*

Bed sheet – Akwa-ngbokwasi; [Akwa-ogbugbo]: Chinweike tọrọ m akwa n'elu akwa. *Chinweike spread the bed sheet for me on the bed.*

Bedtime - Oge ura: Chizọba ke oge iji ehi ura? *Chizoba what time do you go to sleep?*

Bee - Aṅu: Aṅu na agba agba juru na ubi. *Bees are all over the garden.*

Beef - Anu ehi: Bia kere anu ehi. *Come, take a share of the beef.*

Before – Iru [Tupu]: Ulo uka di na iru ulo akwukwo. *The church is before the school.*

Befriend - Imere eyi [Emelu ọyi]: Imere onye nkuzi enyi? *Did you befriend the teacher?*

Beg: Riọ; [Yọ; Iyo ayiyọ]: Riọ Chimto ka onwere gi obi-ebere. *Beg Chimto to have mercy on you.*

Beggar - Onye ariọrọ: N'enye ndi ariọrọ ego. *Give money to beggars.*

Begin – Bido; [Isi Mbido]: I bido la akwukwọ? *Have you started school?*

Be gone - Gba la [gba fuo, gba na]: Gba la ọsọsọ. *Be gone fast.*

Beep - Ụda ugbọ ala: A na m a nu ụda ugbọ ala. *I hear the sound of a car beep.*

Beguile – Rafue: Onye rafuru ha? *Who beguiled them?*

Behave - Kpa agwa ọma: Umu ntakiri ha kpara agwa ọma. *Their children behaved well.*

Behind - Azu: Chigọ nọ gi n'azu. *Chigo is behind you.*

Believe – Kwe; [Kwere; Kwelu; Kweta]: Kwere na Chukwu n'emere ayi amara. *Believe that God is gracious to us.*

Belly – Afọ: Afọ Chika buru-ibu [uku], orifere afọ. *Chika's belly is big he ate too much.*

Bench – Oche ogologo [Ogonogo]: Noro n'oche ogologo nke a. *Sit on this bench.*

Beneath - Okpuru [Okpulu]: Akpukpọ ụkwụ di n'okpuru tabulu. *The shoe is beneath the table.*

Bend – Rube; [Nru-lata; Nhu-nata]: Rulata ka m kunye gi nwa. *Bend so I may give you the baby.*

Beside – Akuku; [Nkọ nkọ]: Osisi nọ na akuku ulo ayi. *The tree is beside our house.*

Better - Nké ka nma karia [kalia]: Ha abuọ, kedu nke nma karia? *The two of them, which is better?*

Best – Makasiri Nma; [Kacha Nma; Kachasi Nma]: Ha n' atọ, kedu nke makasiri nma?

The three of them, which is the best?

Bet – Ebe: Ka anyi tuọ ebe. *Let us bet.*

Between – Etiti: Anọm n' etiti ha abuọ. *I am between the two.*

Beyond – Gabiga: [distance] Ahia di ma igabiga na ulo Uka. *The market is beyond the Church.* **Nyiri; [Unable]:** Ihe nke a nyiri ha. *This one is beyond them.*

Bias – Ajọ obi: Ọdi ghi nma i nwe ajọ obi. *It is not good to be biased.*

Bible - Akwukwọ Nsọ: Akwukwọ Nsọ n'edu madu. *The Holy Bible guide people.*

Bicycle - Igkwe ọgbu-gba [Ana agba-agba]: Ikechukwu na ere igwe ọgbu-gba. *Ikechukwu sells bicycle.*

Bid - Ikwe ihe ọnụ: E ti-nyerem akwukwọ ikwe ulo gomenti ọnu. *I put a bid to buy the government building.*

Bird – Anu-ufe; [Nnụ-nụ]: Le anu-ufe n'efe-efe. *See the bird is flying.*

Birth – Imu Nwa, [Ọmuọ]: Nwata nwanyi a muru nwa. *This lady gave birth to a baby.*

Birthday - Ụbọchi amuru onye: Kedu ubọchi amuru gi? *When is your birthday?*

Birth mark – Oburu [obulu] pụta uwa: Obumneke nwere oburu pụta uwa na nti. *Obumneke has a birthmark by her ears.*

Birth place – Ebe amuru onye: A muru Jesọ Kristi na Bethlehem. *The Birth place of Jesus Christ is Bethlehem.*

Birth right – Ọnọdu-ọkpara; [Oke nke]: Ọnọdu-kpara nwe oke abuọ. *The first male child has a birth right of double portion.*

Biscuit/cookie - Achicha bekee: Anam ata achicha bekee. *I am chewing /eating cookie [biscuit].*

Bishop – Onye nelekọ nzukọ Kraist anya; [Onye isi uka]: Ọkpara Amaka bu onye isi uka. *Amaka's first son is a bishop.*

Bit - Obele-obele: Onye ta bisiri achicha bekee obele-obele? *Who bit these biscuits/cookies into small bits and pieces?*

Bite - Ta: Onye ta puru ụdara? *Who bite into the African apple?*

Bitter [taste] - Iu [iinu]: Ọgwu nke a n'elu ịlu. *This medicine is bitter.*

Bitter [attitude] - Iwe bara ya obi: Biko ekwe la ka iwe ba gi na obi. *Please, do not allow bitterness to enter your heart.*

Black – Oji: Isi ha di oji. *Their hair is black.*

Blast – Gbọwa: Ha n'achọ igbọwa nkume [okwute]. *They want to blast the stone.*

Blaze – Cha; [Nwu]: Ọku a n'enwu. *This fire is blazing.*

Bleed - Igba ọbara [Mee, ọbala]: Nkita n'agba ọbara. *The dog is bleeding.*

Blessing – Ngọzi: Chukwu nyere Okeọma ngọzi. *God gave okeoma a blessing.*

Blind - Ịsi: Onye isi adighi edu onye isi. *A blind person cannot lead a blind person.*

Blindfold - Ikechi anya/iru; [Nke chi anya]: Onye kechiri gi anya? *Who blindfolded you?*

Bliss - Itọ ụtọ nke ukwu: Di na nwunye a n'ebi n'obi ụtọ nke ukwu. *This husband and wife are living in bliss.*

Blister – Etuto; Otuto: Etuto ahu ọku tọrọ Ogechi n'onu. *Ogechi has a fever blister on her lips.*

Bloat - Ito afọ: Iri fe oke afọ, n'eto afọ. *Over eating bloats the stomach.*

Block - Idochi uzọ: Onweghi onye puru ido chiri madu uzọ, ma Chineke kwu doro. *Nobody can block the way of a person God backs.*

Blood - Ọbara [mee, obala]: Ọ dara-ada, ọ ihe oji agba ọbara. *Ifeyinwa fell that is why she is bleeding.*

Bloom - Osisi okoko; [Osisi na muhara/muha] akwukwọ: Osisi oroma agbawawo okoko. *The orange tree is in bloom.*

Blouse – Efe elu [enu]: Onye kwara efe elu a? *Who sewed this blouse?*

Blowing - Iku ikuku: Ikuku ọma n'eku. *A good wind is blowing.*

Blue – Anunu: Uwe ya bu ogho anunu. *Her dress is blue in color/colour.*

Blunder - Ikwu heri [héli] ọnụ: Si ha ekwu heri zina ọnu. *Tell them to stop speaking blunder.*

Boast – Inya isi; [Ikpa nga nga; Itu ọnu]: Pọlu na Akwukwọ Nsọ sina o ji Chukwu anya isi. *Paul in the Holy Bible, said, his boast is in God.*

Boat/canoe – Ugbọ miri/epe epe: Ego tere m ugbọ epe epe. *I bought a boat/canoe.*

Body - Arụ [ahụ]: Aru Ezie di nma. *Ezie's body is good.*

Body guard - Onyé na eche madu [onye nche]: Eze Devid onwere onye n'eche ya. *King David has a body guard.*

Bomb – Ogbu-nigwe: Ndi Biafra mputara ogbu-nigwe mgbe agha. *The Biafrans made bomb during the civil war.*

Bond - Ihe jikọ; [Njiko; Egbochiri egbochi]: Gini jikọrọ ha? *What is the bond between them?*

Bondage – Agbụ: Onye n'efe arusi nọ na agbu ekwensu. *An idol worshipper is under the devil's bondage.*

Bone – Ọkpukpu: Ọkpukpu ọkuku esi-ghi ike ka nke aturu. *A chicken bone is not as strong as that of a sheep.*

Bonus – Mezi: Ndi ulo oru ha nyere ha mezi. *Their company gave them bonus.*

Book – Akwukwọ: Je guọ akwukwọ. *Go and read.*

Book Keeper - Onye na edo kwa akwukwọ: Kedu onye n'edo kwa akwukwọ ndi ahia. *Who is the book keeper for the market?*

Boom – Ihe igba kasa: Ose gbara kasa ebe a. *There is a pepper boom here.*

Booming - Ahia n'aga ọfuma: Ahia azụ n'aga ezigbo. *Fish market is booming.*

Border – Akuku-ala, [Nsọtu-ala; Oke-ala/ana]: Ukwu aki bekee bu ihe eji were me akuku-ala ayi. *The coconut trees were used as the border for our land.*

Bordeline – Oke-ogologo ala; [Okpolo nke wa ana]:

Miri Imo bu oke-ogologo ala. *Imo River is the borderline.*

Bore – Dupue; [Igwụ; Gwuru]: Ọ Gwuru olulu/onụnụ n'azu ulo. *He bore a hole behind the house.*

Boring - Mgba kasi ahu: Akukọ nke a n'agba kasi aru. *This story is boring.*

Born [see birth] – Mua; [Amuru; Amutara]: Kedu oge amuru Ebube? *When was Ebube born?*

Borrow - Riọ; [Ịnuta; Mbite; Mgbazi]: Ha riọtara aziza. *They borrowed the broom.*

Bosom – Obi: Odera, odobere aka ya na obi ya. *Odera put his hand in his bosom.*

Boss - Onye isi: Kedu onye isi ndi ulo ọgwu a? *Where is the boss in this hospital?*

Both - Ha abuọ: Ha abuọ bu otu. *Both of them are the same.*

Bother - Esogbu; Esọgbula [esowuzi na]: Biko, esogbula i bia. *Please, do not bother to come.*

Bottle - Kalama [olulo-Ngwa]: Wete kalama. *Bring the bottle.*

Bottom – Okpuru: Okpuru ite. *The bottom of the pot.*

Bounce - Igbani elu n'ala: Bọlu nka n'agba ni elu n'ala. *This ball is bouncing up and down.*

Boundary - Oke-ala; [Okere-ala; oke ana]: Eji igwe we me oke-ala. *Iron was used as the boundary of land.*

Bought - Zuta: Azutara m ji. *I bought yam.*

Bountiful - Oju putara [Ihe juputa ra]: Oba ji juputara.

The yam barn is bountiful.

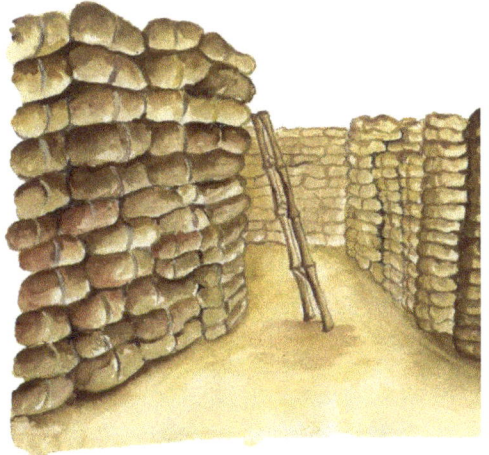

Bow - [bow down] Gbu ikpere; [ikpele]: Gbuoro nna gi ochie ikpere. *Bow to your maternal grandfather.*

Bow [arrow] – Uta: Di nta ji uta ya we ba ọhia. *The hunter took his bow and arrow into the bush.*

Bowl - Ọkwa-nwusa; [Ehele; Afele, efele]: Ofe a juputara ọkwa-nwusa. *This soup filled the bowl.*

Box – Neji-ite; [Karama; Igbe]: Were igbe a. *Take this box.*

Boxer - Onye na eti ọkpọ: Dik Tiga na Ọgan Bassi bu ndi n'eti ọkpọ. *Dick Tiger and Ogan Bassey are boxers.*

Boxing - Iti ọkpọ: Ha n'eti ọkpọ. *They are boxing.*

Boy - Nwata nwoke: Amaka mu-tara nwata nwoke atọ. *Amaka had three boys.*

Boycott - Igbakọ azu; [Mgba ha]: Gbakọazu ndi achọghi ọga n'iru gi. *Boycott people who do not want your progress.*

Boyfriend - Enyi nwoke: Enyi nwoke ya bu onye Onitasha. *Her boyfriend is from Onitsha.*

Bra - Akpa ara [ala]: Akpa ara nka di oji. *This bra is black.*

Bracelet - Mgba aka: Mgba aka ayi n'acha ka akwukwuọ ndu. *Our bracelets are green.*

Brag - Itu ọnụ; [Onye uko]: Onye isi ha n'etu kari ọnụ. *Their boss always brags.*

Braid – Kpa: Bia ka m kpa gi isi aka. *Come let me braid your hair.*

Brain - Uburu [ubulu]: Ị nwere uburu ọma. *You have good brain.*

Branch – Alaka osisi; [Mpalaka osisi]: Gbu-pu alaka osisi a. *Cut off the branch of this tree.*

Brandy [whisky etc.] - Manya ọkụ: Ndi ọgọ bu tere manya ọkụ. *The in-laws brought brandy.*

Brass - Ọla akwọchapuru: E ji ọla akwọchapuru were mee mkpọ eze. *The king's staff is made of brass.*

Brave: Obi ike; [Obi agu; Atughi egwu, Obi ika]: Obi dim ike, site n'ike nke Chineke. *I am brave by the grace/power of God.*

Breach – Ntiwa; [Nkpaji; Eme-ghi ka esiri kwu]: Amechi meghi ka ayi siri kwu. *Amechi breached the contract.*

Bread – Achicha: I aga ata achicha? *Will you eat bread?*

Break – Itiwa; [Gba-ji]: Bia gba ji-ere m igwe. *Come to break the iron for me.*

Breakfast - Nri ututu: Ayi n'eri nri ututu. *We are eating breakfast.*

Breakthrough – Nkwopu; [Iheọma mere]: Chineke merem ihe nkwopu. *God gave me a breakthrough.*

Breast – Ara: Nye nwa ara. *Give the baby breast milk.*

Breast feed - Inye nwa ara: Nye nwa ara. *Breast feed the baby.*

Breath - Kuo ume: Ha n'eku ume. *They are breathing.*

Breed - Zuọ: I na'zu enyinya? *Do you breed horses?*

Breeze - Ikuku: Ikuku n'abia n'ebe a. *The breeze is coming here.*

Brethren - Umunne n'ime Chineke: Ndi a bu umunne n'ime Chineke. *These are my brethren.*

Brew – Isi manya: Ndi ulo ọru Amecheta n'esi maya. *They brew beer at Amecheta work place.*

Bribe – Ihe-ngbaputa; [Ihe-iri-ngo; Ịnye aka azụ]: Ekwesi naghi ewere ihe-ngbaputa. *Ekwesi does not take bribe.*

Brick – Aja Okwute eji aru ulo: E nwere m okwute eji aru ulo. *I have bricks for building a house.*

Brick layer: Onye/ndi n'edo okwute eji aru ulo: Kpọrọ m ndi n'edo okwute eju aru ulo. *Call brick layers for me.*

Bride - Nwunye ọhu: Chiọma bu nwunye ọhu. *Chioma is the/a new bride.*

Bridge – Ogwe: Ndi gọmenti tinyere ogwe na miri Imo nya hu. *The government hung a bridge over Imo River yesterday.*

Bridle - Ido we ire [ile] du: Ada n'edo we ire ya du. *Ada bridles her tongue.*

Brief – Nwa ntabi-anya; [Nke nke]: Nzu kọ ayi ga bu nwa ntabi-anya. *Our meeting will be brief.*

Bright – Nwupuru enwupu; [Ihe cha putara ọcha]: Eze nwata nwupuru enwupu. *The child's teeth are bright.*

Brilliant - Ima akwukwọ; [Akpa-uche]: Nwata nwanyi a mara akwukwọ. *This girl is brilliant.*

Bring – Wetaram; [Wete; Weta]: Weteram otu ikọ miri. *Bring a cup of water for me.*

Brisk – Ọsọsọ; Ngwa ngwa [hurry]: Ejerem ọsọsọ. *I went briskly.*

Broach - Iwe nite okwu: Onye ọka ikpe we nitere okwu ma ka ulo ahu. *The attorney broached the subject of the house/about the house.*

Broad – Obosara; [Basara agbasa]: Obodo ayi di obosara. *Our country is broad.*

Broadcast - Nkpọzu; [Kpọsa; Igbasa ozi; Izisa ozi]: Kedu onye ga eje igbasa ozi? *Who will broadcast the message?*

Broaden – Isa mbara; [Mgbasa]: Oge izu chara ala ahu, omere ka ubi ayi sa mbara. *After you bought the land, it broadened our farm.*

Broadminded – Uche sara mbara: Chinedu bu onye uche ya sara mbara. *Chinedu is broadminded.*

Broke - Igbajiri: Igbajiri osisia a? *Did you break this stick?* [see break]

Broken hearted - Obi ntiwa [Mgbọwa]: Ọdili nwere obi tiwara oge ejima ya jere obodo ọzọ. *Odili was brokenhearted when his twin went to another State/Country.*

Bronze - Ọla: Olu-aka ọla ndi mgbe gbo achọtara na Igbo-Ugwu, di na Anambra steti. *These bronze artefacts were found in Igbo-Ukwu in Anambra State.*

36

Brood - Umu: Nnekwu-ọkuku chikọ-tara umu ya na okpuru nku ya. *The hen gathered her brood under her wings.*

Brook – Miri-iyi; [Nwangele; Nwagene]: E nwere miri-iyi n' azu ulo. *There is a brook in the back yard.*

Broom - Aziza: Were aziza za ulo. *Take the broom and sweep the house.*

Broth - Miri esi putara n'anụ/azụ: Miri esi putara n'anụ n'adi ụtọ n'ofe. *The broth makes the soup delicious.*

Brother - Nwanne nwoke: Nwanne m nwoke bu ezigbo madu. *My brother is a good person.*

Brother-in-law - Ọgọ nwoke: Ọgọ ayi nwoke bu ezigbo madu. *Our brother-in-law is a good person.*

Brought - Wetere [Wétalu, Wetelu]: O wetere nkụ. *He/she brought the firewood.* [See bring].

Brow – Egedege-iru [Ihu]: Hicha egedege-iru gi. *Wipe your brow.*

Brown – Nji; [Icha ka aja ulọ]: Ụwe nke di nji. *This dress is brown.*

Bruise – Chifia, [Supia; Meru ahu; Imelu aru]: Ichifia aka-gi? *Did you brisue your hand?*

Brush – Chi-cha; [Jua; Metu; Tichapụ; Kwocha sia]: Je chi-cha sia eze gi. *Go brush your teeth.*

Bucket - Ite miri; [Ite eji eku miri]: Eji m ite kuru miri. *I*

fetched water with the

bucket.

Budget - Ihazi ego [ikpa kwa]: Ebere mara ahazi ego. *Ebere knows how to budget money.*

Build – Iwu; [Irụ]: Ana m aru ulo. *I am building a house.*

Bullet – Mgbọ: Otu mgbọ egbe gburu nkita ọhia. *One bullet killed the fox.*

Bully – Iti madu aka; [Ichọ okwu]: Biko eti kwalam aka. *Please, do not bully me.*

Burden - Ibu: Ije ozi nke m na nke gi bu ibu aru. *To do my job and your job is a big burden.*

Burglary – Ndi ohi ulo: Ndi ohi ulo tiwara uzọ were zuo ohi, kama ejidere ha. *The burglars broke the door to steal. But they were caught.*

Burial: I'li' Ili [ini] ozu: Ha jere 'ili' ozu. *They went for a burial.*

Burn – Ida-ọku; [Igba-ọku]: Ebe ikpofu ahihia n'agba ọku. *The trash dump is burning.*

Burp - Ide nkọ; [Ita nkọ]: Nwa tara nkọ. *The baby burped.*

Burrow - Itụ ọnụ: Ọsa tụrụ ọnụ n'ebe nke a. *The squirrel burrowed into the ground here.*

Burst - Gbawa: Manya ngwọ gbawara ite otu. *The palm wine has caused the wine jug/keg to burst.*

Bush - Ọhia [ọfia]: Ndi nta je were ọhia ichu nta. *The hunters went to the bush to hunt.*

Business – Oji ego achu ego: Ejike bu onye oji ego achu ego. *Ejike is a business man.*

Busy - Oji ihe n'aka [Onwere ihe ọ n'eme]: Onye nkuzi ji ihe n'aka. *The teacher is busy.*

But – Ma; [Mana]: E nwerem ike iji ukwu ga ahia, ma'achọghi m. *I can walk to the market but I do not want to.*

Butcher – Onye na egbu anu; [Igbu-anu]: Ndi na egbu anu n'agbali. *The butchers try.*

Butter – Miri-ara nke raru araru; [Manu miri-ara-bekee]: Te manu miri-ara bekee n'achicha m. *Spread butter on my bread.*

Biscuit - Achicha bekee: Ana m ata achicha bekee. *I am eating a biscuit.*

Butterfly - Olokoro [Olokolo] mbuba: Olokoro mbuba nke'amaka. *This butterfly is beautiful.*

Buy – Zuo; [Zuta; Gote; Gota]: I ga e zuta akpa? *Will you buy a bag?*

By – Ma; [Na; N'usọ]: Ulo akwukwọ ayi di n'usọ ulo uka. *Our school is by the Church.*

Bygone - Gara aga: Oge ime ihe sọrọ onye gara aga. *The time of doing whatever you want is bygone.*

Bypass – Gabiga; [Iga fe]: I na e je ulo akwukwọ si uzọ ọzọ ka i gabiga ahia. *As you go to school take another road to bypass the market.*

C

Calendar: Ọnu-ọgugu ubọchi nile nke arọ: Enwere ubọchi nari atọ-iri isi na ise/isi na arọ [afọ; ahọ]. *There are three hundred and six-*

five/sixty-six days in a calendar year.

Calf [upper leg] – Afọ ukwu [ọkpa]: Ficha afọ ukwu gi. *Dry your calf.*

Calf [cow] - Nwa ehi [efi]: Le nwa ehi. *See a calf.*

Call – Kpọ: I ga akpọ nne? *Will you call mom?*

Caller - Onye n'akpọ: Onye n'akpọ gi? *Who is calling you?*

Calm – Ju: I dara ju. *You are calm.*

Can [ability] – Ipuru; [Iga; Inwe ike]: Ipuru ibia? *Can you come?*

Can [tin] - Gbamgbam: Je tufuo gbamgbam. *Go and throw away the can.*

Candle – Oriọna; [Akpulakpu bekee]: Je zuta oriọna. *Go and buy candle.*

Candor - Ezi okwu: Ezi okwu bu ndu. *Candor is life.*

Cane [walking stick] – Mkpọ: I zutara mkpọ? *Did you buy cane/walking stick?*

Cannon - Egbe nduru [ndulu]: Ha gbara egbe nduru ọnụ asatọ mgbe eme pere ulo akwukwọ. *They released eight cannon shots when the school was opened.*

Cannot – Apughi; [Enweghi ike]: Ha apughi igbochi ọlu ọma Chukwu. *They cannot stop or obstruct the good work of God.*

Canoe - Ugbọ epepe: Were ugbọ epepe were ga igbu azu. *Use the canoe to go fishing.*

Canopy – Ulo-ndo; [Mkpukpu bekee]: Manye ulo-ndo were zere anyanwu. *Erect a canopy to shield you from the sun.*

Cap - Okpu: Okpu gi amaka. *Your cap is fine/nice/lovely.*

Capital city - Isi obodo steti: Owerri bu isi obodo Imo Steti. *Owerri is the capital of Imo State.*

Capsize -Ugbọ miri [mili] ikpu: Miri zoro emeghi ka Ugbọ miri ha kpuo. *The rain did not make their boat to capsize.*

Captain – Onye-isi: Onye bu onye-isi n'ulo akwukwọ gi? *Who is the captain in your school?*

Captive - Dọtara n'agha; [Ikpado aka; Onye eji eji/Onye e ji aka]: Jeso Kristi biara igba puta madu nile na ihe ojọ ji aka. *Jesus Christ came to redeem humanity held captive by sin.*

Capture - Iji de: Ndi gọmenti eji dela onye-isi ndi abali di egwu. *The government has captured the leader of the bandits.*

Car - Ugbọ ala [ana]: Ha nwere ọtutu ugbọ ala. *They have a lot of cars.*

Careful – Lezie anya; [Ikpa chapu anya]: Bikọ lezie anya n'akwukwọ gi. *Please, be careful with your school/studies.*

Careless – Elezighi anya; [Akpa chapughi anya]: Ekwe la ka umu-aka, eji le, elezighi anya n'akwukwọ ha. *Do not let the children be careless about their studies/school.*

Caretaker - Onye nchekwa: Ebere bu onye nchekwa nne ya. *Ebere is her mom's caretaker.*

Cash – Ego: Ego gbọrọ kai. *There is surplus money/there is a lot of money.*

Cast – Ife nza. Ga fen za, k'amara onye Ọ da-nyere. *Go cast lot to see who will win.*

Cast [mold] – Wuara; Chidima wuara ọla ọcha atọ mgbaka. *Chidima cast three silver bracelets.*

Cast [vote] - Itu; [Tuọ]: Onye ka iga atu nyere akwụkwọ? *Who will you cast your vote for?*

Castaway – Ajuru aju; [Itu fuọ]: Onye bia kwu tere Jesọ Kristi, Ọ gaghi aju onye ahu aju. *Anybody that comes to Jesus Christ, He does not castaway.*

Cat - Nwa mba: Nwa mba na eri oke. *Cats eat rats/mice.*

Catch - Jide: E ji ugbu were ejide azu. *You use fish net to catch fish.*

Caution – Lezi-kwa anya; [Ido aka na nti]: Mazi Okeke gwara ya nwoke, ya lezi-kwa anya. *Mr. Okeke cautioned his son.*

Carpet - Ute nto na ala [ana]: Ahia ute ntọ na ala di na Umuahia. *Carpet market is in Umuahia.*

Cave - Ọgba: Ha gara n'ọgba di n'Ogbunike. *They went to the Ogbunike cave.*

Cavity - Ohere na mgbili eze: Ị lacha oke ihe na tọ biribiri n'ebuta ohere na mgbili eze. *Eating too much sweets causes cavity.*

Cease – Kwusi: Kwusi ije ọlụ ubọchi ụka. *Cease from going to work on Sundays.*

Celebrate – Oke oriri; [Ememe; Nme-nme]: Unu ọ na ememe maka ọlụ nwanne gi nwetere? *Are you people celebrating the job your sibling got?*

Celebrity - Onye ama ama: Nelson Mandela bu onye ama ama n'ala Afrika na uwa nile. *Nelson Mandela is a celebrity in Africa and the world.*

Cement - Ụlọ bekee: É ji ụlọ bekee were kwa luọ ulo nka. *Cement was used to build this house.*

Cemetery - Ebe a na eli [eni] ozu: Ndi ụka nwere ebe a na eli ozu n'azu ulo ụka. *The Church has a cemetery behind the Church building.*

Ceremony: Ime nme-nme: A na eme nme-nme i mepe ulo ọgwụ. *A ceremony is being held for the opening of the hospital.*

Chair – Oche: Gini ka e ji we me ochie a? *What was used to make this chair?*

Chain - Udọ-igwe: Ndubuisi were udọ-igwe je gbachie uzọ ama. *Ndubuisi take the chain, and go lock the entrance gate.*

Chalk – Nzu; [Uli eji ede ihe]: Ndi nkuzi nwere ọtutu nzu. *Teachers have lots of chalk.*

Chalkboard - Ugbọ eji ede ihe: Chukwuma hicha ugbọ eji ede ihe. *Chukwuma clean/wipe the chalkboard.*

Challenge - Ihe ima aka: Ha n'aga ima aka asam mpi.

They are going for a sports challenge.

Chameleon - Igono: Ha n'akpọ ya igono. *They call him/her chameleon.*

Champion - Dike: Jisọs Kraist bu Dike na agha. *Jesus Christ is a Champion.*

Chance – Ohere; [Ndaba]: I ga enwe ohere i je? *Will you get a chance to go?*

Change [mind] – Icheghari: Icheghari maka igo azu? *Did you change your mind about buying the fish?*

Change [exchange/replace] Gbanwe: Gbanwe uwe gị. *Change your clothes.*

Chaos – Agba aghara: Obodo ayi adi-ghi agba aghara. *Our city is not in chaos.*

Chapter - Isi amaokwu/amaukwu: Anọm n'isi amaokwu nke ise. *I am in chapter five.*

Character – Agwa: Agwa Ijeọma amaka. *Ijeoma's character is fine/good.*

Charcoal -Icheku; [Uyiri; Iyi; Uyili]: Amaka gotere icheku n'ahia. *Amaka bought charcoal from the market.*

Chariot [of fire] – Ugbọ-ala ọku; [Inyinya ọku]: Chineke zitere ugbọ-ala ọku we buru Elaija we bu je ya Elu-Igwe. *God sent Chariot of fire for Elijah to carry him to Heaven.*

Charitable – Ezi omume; [Ime amara]: Ndi ulo ọlu ha n'eme ihe amara. *Their work place does charitable events.*

Checkout – Chọpụta: Je chọpụta ihe ha n'ere. *Go and checkout what they sell.*

Cheek – Agba: Agba nwatakiri bu sọ nma. *This child's cheek is beautiful.*

Cheer – Obi-ike; [Obi Nuri; Nuri-ọnu; Obi-ọma; Obi-utọ]: Nne mama, Nneka biara ime Nneka obi-ike. *Nneka's maternal grandmother came to cheer her.*

Chest [body] – Obi: Obi ndi n'aku ọkpọ gbasara agbasa. *Boxers have broad chest.*

Chest [wooden or metal] - Igbe [osisi/igwe]: E jim igbe igwe we debe uwe Okonkwo. *I used metal chest to store Okonkwo's cloths.*

Chief - Onye-isi: Onye bu onye-isi ndi uwe oji na ebe unu bi. *Who is the chief of police where you live?*

Child – Nwata: Chinyere ka bu nwata. *Chinyere is still a child.*

Childish: Nwatakiri; [Ihe umu aka; Ime ihe ka nwata]: Ha na eme ka nwatakiri. *They are childish.*

Chill - Iju oyi [Ọjụrụ oyi]: Manya a juru oyi. *The drink is chilled.*

Chime - Ụda: Ikuku n'eme ka mgbiligba da ụda. *The wind makes the bells chime.*

Chimpanzee - Adaka: Ka ayi je ebe an'edo kwa adaka. *Let's go to where they keep chimpanzee.*

Chin - Agba: Wepu ihe di n'agba gi. *Remove what you have on your chin.*

Choice - Ọsọrọ-onye [Ka osi sọ onye/ọsọrọ]: Akwa edo bu ihe sọrọ ndi ukwe. *Yellow fabric is the choir's choice.*

Choir - Ndi ukwe: Ndi ukwe ulo ụka unu amaka. *The choir in your church is beautiful/is good.*

Choose - Rọputa: Rọputa nke ichọrọ. *Choose what you want.*

Christ – Kraist: Kraist bu Onye Nzọputa ayi. *Christ is our Savior.*

**Christian – Kristian [Ndi kwere n'eso uzọ Jisọs

Kraist]: Ha bu Kristian. *They are Christians.*

Christmas – Krismas; [Ekere esimesi]: Kristmas bu ubọchi ayi n'elota Ọmumu Jisọs Kraist. *Christmas is the day we remember the Birth of Jesus Christ.*

Church - Ulo uka: Ọtutu madu biara n'ulo uka ta. *A lot of people came to Church today.*

Circle – Gburugburu; [Okirikiri Okililiki]: Gba fere gburugburu ma i je we ọru. *By pass the circle as you go to work.*

Citizen - Onye amuru n'obodo: Eneanya bu onye amuru n'obodo a. *Eneanya is a citizen of this country.*

City – Obodo: Kedu aha obodo ibi? *What is the name of the city you live in?*

Clan – Agburu; [Ulo-nnam; Umu-nna]: Ndi agburu ayi di uku. *We have a large clan.*

Clap - Kua aka: Kuanu Chinwe aka. *Clap for Chinwe.*

Clay - Urọ; [Aja upa; Aja ulo]: Eji urọ ewu ulo. *Clay is used to build a house.*

Clean – Ọcha: Okporo uzọ nka di ọcha. *This road is clean.*

Cleanse – Sachapu; [Ihi/ifi cha]: Were oroma nkirisi we sachapu eju. *Use lemon to cleanse snail.*

Clemency – Obi-ọma, [Obi-ebere/ebele]: Okeke natara obi-ọma Chidozie. *Okeke received clemency where Chidozie was.*

Clergy - Ukọ Chukwu: Ayi nwere ndi ukọ Chukwu atọ

na parishi ayi. *We have three clergy in our parish.*

Clerk - Ode akwukwọ: Chidima bu ode akwukwọ ha. *Chidima is their clerk.*

Client - Onye ahia [afia]: Inwere ọtutu ndi ahia. *You have a lot of clients.*

Clientele - Ndi ahia [Afia]: Ndi ahia ha si obodo oyibo. *Their clientele is from overseas.*

Climb - Iri/ ili elu [Enu]: Lia elu ukwu ukwa. *Climb the bread-fruit tree.*

Cling - Takwuru [Takwulu]: Takwulu Chineke na ahu. *Cling to God.*

Clock - Ihe eji ama mgbe [Oge]: I nwere ihe eji ama mgbe? *Do you have a clock?*

Close – Nmechi; [Nmechie]: I na emechi uzọ? *Are you closing the door?*

Close [Near] – Nso: Bia nso. *Come close.*

Cloth – Akwa: I na akwa akwa? *Are you sewing the cloth?*

Cloud – Igwe-oji, [Urukpu; Ulukpu]: Igwe-oji nke a di oji nukwu, ọ di ka miri ga ezo. *This cloud is very dark, it seems it will rain.*

Clown: Onye n'eme ukọchi/Onye uka ọchi: Nwanne Jideọfọ kpọtara onye ukọchi na ememe ha. *Jideofo's sibling brought a clown to their celebration.*

Club [wooden] – Nkpa-n'aka: Were nkpa-n'aka jide uzọ ka ọ ghara imechi. *Use the club to hold the door so it doesn't close.*

Club [Social group] – Ndi otu: Ndi otu ayi g'agba egwu. *Our club members will perform a dance.*

Clutter - Ikwa-ju nkwo nkwo/ ikwa sasi ngwo ngwo: Nkasi adighi akwa sasi ngwo ngwo na ulo ya. *Nkasi do not clutter her house.*

Coal – Icheku [see charcoal]; Uyiri [uyi, uyili]; Obubo ọkụ: I ji icheku e si nri? *Do you use coal to cook?*

Coast - Usọ osimiri, [Akuku osmiri; Ọnu-miri; Nkọ miri; Usọ oshimili, Nkọ mili]: Umuaka nọ n'usọ miri. *The children are by the coast.*

Cobweb -Ọya kuru ududo: Bia wepu ọnya kuru ududo. *Come clean out the cobweb.*

Cock [Rooster] – Oke-ọkuku; [Oke-ọkpa]: Oke-ọkuku kwara na erekere isi. *The cock [rooster] crowed at six o'clock.*

Cockroach – Uchicha; [Uchucha]: Uchicha di ọtutu n'ulo ochie agba ghara agbagha. *There are lots of cockroaches in abandoned buildings.*

Cocoa – Koko: Ndi Ngwa nwere ọtutu ubi koko. *The Ngwa people have lots of* *cocoa farms.*

Coconut - Aki bekee: Onye ọbula nwere osisi aki bekee na iru ulo ya/ha. *Everybody has a coconut tree in their front yard.*

Coffin - Igbe ozu: Eji igbe ozu ili onye hapuru uwa. *A coffin is used to bury someone who has passed out of this world.*

Coin - Ego igwe: I nwere ego igwe? *Do you have coins?*

Coincidence - Dabara [Ida kọlita]: Ubọchi amuru Amara dabara n'ubọchi amuru nne ya ochie. *Amara's birthday coincided with her maternal grandmother's birthday.*

Cold – Oyi: Oyi n'adi n'ọnwa ikpeazu n'afọ n'ala bekee. *There is cold in the month of December in Europe.*

Collapse – Adapuwo; [Ida; Da]: Ogidi eji wu ulo adapuwo la. *The pillar that was used to build the house collapsed.*

Collarbone - Ekwo olu [onu]: Gini mere gi n'ekwo olu? *What happened to your collarbone?*

Collaborate - Gbakọta; [Gbakọ aka; Ime kọta ife/ihe onu]: I g'agbakọta aka me ihe di a? *Will you collaborate to do these things?*

Collect – Chikọta; [Wekọta; Nakọta]: Ichikọtara oroma? *Did you collect oranges?*

Collide – Kukọta; [Dakwasi; Ikwa kodo ọnu; Ikwa kọta ọnụ; Ọtutu nzu]: Ehi na inyinya kukọtara ọnu. *The cow and the horse collided.*

Colon - Mgbiri [mgbili] afọ nke ukwu: Mgbiri afọ Ugo

adi chala nma. *Ugo's colon has been healed.*

Color – Ogho; [Agwa]: Kedu ihe bu ogho uwe ulo akwukwọ gi? *What is the color of your school uniform?*

Comfort – Kasi obi; [Gba ume]: Chineke kasi e gi obi. *May God comfort you.*

Commerce – Ọzuzu-ahia: Ndi Igbo mara maka ọzuzu-ahia nke ọma. *Igbos knows about commerce.*

Commotion – Olu nkpọtu; [Nkpu nke-uku/ukwu; Nkpasu-uku/ukwu; Ọgba aghara]: Olu nkpọtu adajua [adajọ/akwusi] la. *The commotion has calmed.*

Communicate – Okwu ọnu; [Ikpanye ụka; Ikpalita uka]: Nọnso kpanyere m okwu ọnu. *Nonso communicated with me.*

Compass - Ndu uzọ: Ndi n'awa n'ọhia ji ndu uzọ. *The hikers have a compass.*

Compassion - Ọmiko; [Obi ebere/ebele]: Chineke nwere Obi ọmiko. *God has compassion.*

Complete – Zuru oke; [Mezu; Ozuzu; Zuru; Ozugo, Zulu ezu]: Ha aru zuru la ulo ha. *They have completed their house.*

Compliment - Ja ike; [Ito otuto]: Ayi jara ha ike na ihe ha metere. *We complimented them in what they did.*

Compose – Deworo; [De ihe]: Akwukwọ ukwe Udu deworo mara nma. *The song book Udu composed is good.*

Compound - Ngwuru [ngwulu]: Ngwuru ha di nma. *Their compound is good.*

Comprehend – Ighọta; [Nghọta]: Ighọtara ihe onye nkuzi kwuru? *Did you comprehend what the teacher said?*

Comprehension - Ihe ighọta; [Nghọta]: Ọ ihe ighọta. *It is for comprehension.*

Compress -Mpi do: Ipi do aja. *To compress the soil.*

Compute - Gba kọ: Bikọ gba kọrọm mkpuru ọnu ọgu a. *Please, compute these numerals for me.*

Conceal – Kpuchie; [Zo]: Ikpuchiri onụnụ ahu? *Did you conceal the hole?*

Concede – Kweta [Ikwe'nyelu]: E kwetaram n' ihe ha kwuru. *I conceded in what they said.*

Concept – Alo: Udi alo gini ka ichọrọ: *What type of concept do you want?*

Concern - Nchegbu; [Nechegbu; Itu uche]: Ọdi nma gi nechegbum [N'atum uche]. *Your well-being is my concern.*

Conclude – Nkpọchi [Mechi; Imechi] - okwu: Lekwa ihe ayi jiri were mechie okwu. *This is what we used to conclude the discussion.*

Condemn - Ama ikpe: Ọ mara ya ikpe. *He/she condemned him/her.*

Condition – Ka ihe [ife] si di: Kedu ka ihe si di na obodo? *What is the condition of things in the city/state/country?*

Conduct – Agwa: Agwa umuaka nka amaka. *The conduct of these children is good.*

Confess - Nkwuputa: Jekwuru nne gi kwuputa ihe imere. *Go to your mother and confess what you did.*

Confusion – Ihere; Ọgba-Aghara [aghala]: Binyelum adighi akpa ihe ihere. *Benyelum does not cause confusion.*

Conquer – Meri; [Meli]: Jisọs Kraist emerie la. *Jesus Christ* *have conquered.*

Conscience - Akọ-na-uche; [Inwe obi; Nwere obi]: Uchenna nwere ezi akọ-na-uche. *Uchenna has a conscience.*

Consecrate – Ite-manu: Ndi Fada bu ndi etere manu. *Priests/Rev. Fathers are consecrated.*

Console – Kasie obi: [Lagu; Laguọ; Nlagu]: Kasie nwa obi. *Console the baby.*

Consultation – Gbara-izu: [Turu alo]: Je kwuru ndi ọka ikpe ka unu gba-izu. *Go to the lawyers for consultation.*

Contact – Emetu; [Nemetu; Nemetu ta; Ime takọ]: Uche na Nọnso n'emetu kọ. *Uche and Noso are in contact.*

Contagious – Ebu-efe: Ukwara nta di nebu-efe. *Whooping cough is contagious.*

Contempt – Leda anya; [Neda anya]: Ọ dighi nma ileda madu anya. *It is not good to show contempt on people.*

Content [to be satisfied with what you have] - Afọ ju gi; Afọ ojuju; Obi iju afọ: Obi ju gi afọ na ihe i nwere. *Be content with what you have.*

Content [what is inside of a container] - ihe [ife] di na ime ihe: Gini di na ime ite? *What is insidethe content of the pot?*

Contest – Ike-ike; Ike nke onye nwe ume; [Izọ ọkwa; Izọ Ọnọdu]: Onyebuchi n'azọ ọkwa onye isi ala. *Onyebuchi is contesting for presidency.*

Contradict – Ekwugide ekwugide; [Ikwugide okwu]: Ọ na ekwugide okwu ihe Adaugo kwuru. *She contradicted what Adaugo said.*

Converse – Agbakọri izu; [Nakparita uka; Agbakọi izu; Ikpa nkata]: Nna na nwa agbakọri izu. *The father and child are conversing.*

Convey – Buru; [Gabiga]: Biko buru ukwa bugara umuaka. *Please convey the breadfruit to the children.*

Cookies - Achicha bekee: I ga ata achicha bekee? *Will you eat cookies?*

Coop [poultry] - Mkpọ ọkuku [ọkukọ]: Afam nwere mkpọ ọkuku. *Afam have chicken coop.*

Cop [police] - Ndi uwe oji: Ndi uwe oji n'enyere ndi ugbo ala aka. *The cop help drivers.*

Cord – Udọ: Wetere m udọ. *Bring the cord to me.*

Coral – Erulu: Di ya gotere ya erulu. *Her husband bought her coral.*

Corn [On the cob] – Ọka; [Akpakpa]: Ayi n'ata ọka. *We are eating corn.*

Corn [On the stalk] - Ọka di na ukwu ọka [akpakpa]: Ọka kadi na ukwu ọka. *There are still corn on the cornstalk in the farm.*

Corner – Akuku; [Nkọ nkọ]: Bia n'akuku a. *Come to this corner.*

Correct – [true] Inwete ihe; Imete: Inwetere ya. *You got it correct.*

Correct – [put right]: Idọ aka na nti. Biko n'adọ umuaka aka na nti. *Please, correct the children.*

Correspondent - Ide kọrita akwukwọ; [Ime kọrita ihe]: Umu akwukwọ n'ede kọrita akwukwọ. *The school students correspond with each other.*

Corrupt – Bibi; [Bibiri; Ilu-alu; Ikpa alu]: Chineke wepuru ndi ọchichi ayi bibiri ebibi. *May God removed our leaders who were corrupt.*

Cosmetic – Ihe eji achọ nma [Uli ọnu-Lipstick; Uli mkpisi aka-Nail polish; Ọtanjele - Eye pencil...na ndi so ya]: E terem uli ọnu. *I am wearing a lipstick.*

Cost – Ọnu ahia; [Ego ihe dara; Ego eji gote ihe; Ego/Ọnu ahia/Afia]: Kedu ọnu ahia oji? *What is the cost of Kola nuts?*

Cotton - Ogho; [Owu]: Unu enwere ubi ogho? *Do you people have a cotton farm?*

Count – Gua; [Igu ọnu]: Gua nu ayi. *You people count us.*

Counterfeit - Adi gboro ja: Ego nka bu adi gboro ja. *This money is counterfeit.*

Country – Obodo: Amerika bu obodo ọku na enwu n'elu ya. *America is country with a lot of attraction/is hot/savvy.*

Couple - Di na nwunye: Di na nwunye ya ka luru. *This couple just got married.*

Courage – Obi ike; [Dinu ike (plural), Inwe ume; Obi ika; Obi isi ike]: Akachi nwere obi ike i iga nani ya. *Akachi have the courage to go alone.*

Court - Ulọ [uno] ikpe: Ndi ọka ikpe juru n'ụlo ikpe. *The lawyers filled the court house.*

Courteous – Ume-ala; [Kwanye ugwu]: Nwere ndi madu ume-ala. *Be courteous to people.*

Cousin – Ikwu; [Nwa nwanne nne/nna]: Ngozi ọbu onye ikwu gi? *Is Ngozi your cousin?*

Covenant - Ọgbugba ndu; [Igba ndu]: Ayi na Chineke gbara ndu. *We made a covenant with God.*

Cover - Kpuchie, [Kpuchi do]: Kpuchie ite ofe. *Cover the pot of soup.*

Covetous – Anya-ukwu; [Ihu ego n'anya]: Ọ dighi nma inwe anya ukwu. *It is not good to be covetous.*

Cow - Ehi [efi]: Ebere nwere ehi asa. *Ebere has eight cows.*

Coward – Onye natu ujọ: Ọ bu onye natu ujọ. *He/she is a coward.*

Crab – Nsikọ: Nsikọ di na miri nwangele. *There are crabs in the creek.*

Crack – Gbawa; [Gbọwa; Ngbawa; Mgbọwa]: Ahuru m aja ulo nche gbọwara agbọwa. *I saw the wall of the guard house have cracked.*

Craft - Ọlu-ṅka; [Aka ọlu]: Marachi bu ezigbo onye ọlu-ṅka. *Marachi is a good craftsman.* Kedu ihe bu aka ọlu gi? *What is your craft?*

Crash – Ntipu; [Ntipia; Ntiwa; Ntisasi, Mgbaka]: Ụgbọ elu etipu ghi oge ọ fe puru. *The airplane did not crash when it took off.*

Crawl – Akpu n'ala; [Igbe-igbe; Ije ntakiri; Ije nwayọ]: Nwata na ebido akpu n'ala tupu iga ije. *Babies crawl before they walk.* ubọchi a n'egbe igbe.

Creature – Ihe Ekere eke: Ihe Chineke kere di ọtutu. *What God created are many.*

Crib - Akwa nwa: Nibe nwa n'akwa ya. *Lay the baby in his/her crib.*

Criminal – Onye nemebi iwu; [Onye nalu olu ojo; Onye neme ihe ojo; Ekpelima]: Ọ bu onye nalu olu ojo. *He is a criminal.*

Cricket – Nbuzu: Nbuzu n'ebe n'eba. *Crickets are crying here.*

Critic/criticism – Nkọcha; [Ntucha]: Ọdighi nma ikọcha madu mere. *It is not good to criticize people.*

Crocodile – Agu iyi: Agu iyi di na miri Imo. *There is Crocodile in Imo River.*

Crop – Nkpuru akọrọ ubi; [Nri akọrọ akọ]: Mazi Oti kuru nkpuru ọka n'ubi ya. *Mr. Oti plant corn crop in his farm.*

Cross – Obe: A kpọ gburu Jisọs Kriast n'Obe. *Jesus Christ was crucified on the Cross.*

Crown – Okpu-eze: Jisọs Krast kpu Okpu-Eze. *Jesus Christ is wearing a Crown.*

Crucifixion - Kpọgide n'obe: A kpọgidere Jisọs Krasti n'elu obe n'elekere iri n'abua. *Jesus Christ's crucifixion was at twelve noon.*

Cruise - Ije ije n'ugbọ miri [mili]: Ayi ji ugbọ miri we je Isrel. *We went to Israel on a cruise.*

Crush - Zọpia; [Ngwe pia; Igwe ihe]: A zọpiara ndi ori n'ọhia. *The thieves were crushed in the bush.*

Cry – Iti nkpu; [Ibe akwa]: Onye tiri gi ihe, i ji eti oke nkpu? *Who beat you, that you are crying so loud?*

Culture – Omenala: Omenala Igbo amaka. *Igbo culture is good.*

Cunning - Aghughọ: Ọ dighi ma ihọ aghughọ. *It is not good to be cunning.*

Cup – Iko; ọkwa: Ikọ gi di n'elu. *Your cup is upstairs.*

Curious - Ichọ puta maka ihe; Nyocha, Nyochata; Nfuchata: Umuaka na achọkari itu ghari ihe we chọputa ihe. *Children are curious and they want to find out things.*

Curl - Gba gọrọ; [Gba ọlu; Gba gọ; Nriko]: Akwukwọ ji gba gọrọ na osisi ube. *The yam tendrils curled around the African pear tree.*

Curtain: Akwa-nkwuba; [Akwa-mgbochi]: I gotere akwa-nkwuba n'ahia? *Did you buy curtain fabric in the market?*

Cushion: Ohiri-isi. Sochi na ere ohiri-isi. *Sochi sells cushion.*

Customer - Onye n'azu ahia [Afia]: Onye ahiam a bia la. *My customer has come.*

Cut - Be; [Bọ; Gbutu; Nkpọwa]: Bere m anu. *Cut the meat for me.*

Cutlass - Mma aba: E ji mma aba were asu ahihia. *You use a cutlass to cut grass.*

Cutlery - Ngazi di iche iche eji eri nri: Ha n'ere ngazi di iche iche n'ahia eke. *They sell cutlery at eke market.*

Cycle – Gburu-gburu; [Okirikiri, okilikili]: Uzọ nka gbara oboda gburu-gburu. *This road cycled around the city.*

D

Dad - Nna [papa]: Nna ayi bu kasiri ezigbo nna. *Our dad is the best dad.*

Daily – Kwa Ubọchi; Ubọchi nile: Na ańu miri kwa ubọchi. *Be drinking water daily.*

Damage – Nbibi; Imebi ihe; Ihina nyi iyi: Miri zoro me kwara ka enwe nbibi na ubi. *The rain that fell caused damage to the farm.*

Damp – Ede-miri; [Igu miri; Oguru miri; Ogulu miri]: Igirigi nke elu-igwe dara nede ahihia miri. *As dew falls from the sky it dampens the grass.*

Dance: Ite egwu; [Igba egwu, Uri]: I ga ite egwu? *Will you dance?*

Dandruff: Ọri [ọlii] isi: Kedu ụdiri mmanu n'agwọ ọri isi? *What type of pomade cures dandruff?*

Danger – Ndagwurugwu onyinyo ọnwu; Ihe-egwu: Chineke na azum na ndagwurugwu onyinyo ọnwu. *God delivers me from danger.*

Dark/darkness - Ọchichiri; [Igba ọchichiri]: Gba nye ọku ọchichiri gbara. *Turn the lights on it is dark.*

Date – Izu ubọchị: Ubọchi tata bu abali asatọ n'ọnwa nke ise. *Today's date is May 8th.*

Daughter - Nwa nwanyi: Le nwa m nwanyi. *See my daughter.*

Day - Ubọchi [Ubọsi]: Ubọchi ta bụ nkwọ. *Today is nkwo market day.*

Deaf - Nti ichi; Ichi nti: Nti chiri ya. *He/she is deaf.*

Death – Ọnwu: Jisọs Kraist emerigwo ọnwu. *Jesus Christ has defeated death.*

Debt – Ugwọ: I ji ugwọ? *Are you in debt?*

Decay – Ire-ure; [Nmebi; Ile ụle]: Ji nka rere-ure. *This yam has decayed.*

Deceive – Ghọgbue; [Nhọgbu; Ihogbu; Ihọ wụ; Okwu-ugha]: E kwe kwala ka ndi ọjọ ghọgbue gi. *Do not let evil/bad people deceive you.*

Decide – Kwubi; Obi-gi si chọ; Kebi okwu; Kpebie: Ndi ọka ikpe ka ekpebi okwu. *The lawyers will decide the case.*

Declare – Si, [Kwu puta; Nkwu puta: Si kwa ihe inuru. *Declare what you heard.*

Decline - Ju; Igba da; Wezuga: Uju juru ọkwa enyere ya. *Uju declined the post given to her.*

Decorate – Eme-ka-ihe ma nma; [Dozi n'udi puru iche]: Mezie ulo ka ọ ma nma maka oke oriri. [meme]. *Decorate the house for the feast/party/celebration.*

Decrease – Bilata; [Nala ala; Ruda; Igba da; Mgbada]: Osikapa na bilata. *The rice is decreasing.*

Deer – Ele: Dinta chutara ele atọ. *The hunter, caught three deers.*

Deep – Omimi: Ihe a di omimi. *This is deep.*

Defeat: Nmeri; [Tigbue]: Jeso Kristi emerie la ọnwu. *Jesus Christ defeated death.*

Defend – Gbochi, Gbachite; Gbachitere: Jee gbochitere ya. *Go and defend him/her.*

Delay - Igbu oge: Biko, ina egbu oge ayi. *Please, you are delaying us.*

Delegate - Nye ihe n'aka; Inọ chitere anya: Chi-chi so na ndi ga anọ chiteanya. *Chi-chi is among the delegates.*

Delete - Hicha; Nhicha: I hichara ihe m dere? *Did you delete what I wrote?*

Deliberation - Itu haria uche n'okwu; Idu-ọdu: Bia ka anyi tu haria uche n'okwu. *Come let us deliberate.*

Delight - Utọ: Ọdida anyanwu bu ihe utọ. *The setting of the sun is a delight.*

Deliver – Dọputa, Naputa, Zọputa: Chineke, naputa ayi na ihe ajọ. *God, deliver us from evil.*

Demand - Ihe achọrọ [achọlu]: Kedu ihe i chọrọ ka m mee? *What do you demand that I do?*

Dew – Igirigi; [Igirige]: Igirigi dalu n'ala. *Dew fell on the ground.*

Dentist - Dọkita eze: Nwanne mama Uzọma bu dọkita eze. *Uzoma's aunt is a dentist.*

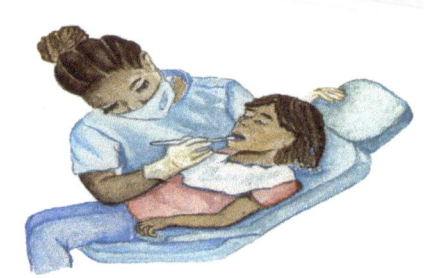

Deny - Gọnari; [Agụgọ; Gọnahu; Gọrọ]: Okonkwo gọnari na ojere. *Okonkwo denied that he went.*

Departure – Ọpupu, [Hapu]: Chinedu nọ n'ebe ugbọ elu si apu. *Chinedu is in the airport departure hall.*

Depend – 1. Tukwasi obi [rely on]; 2. Si n'aka [determinded by]: 1. Tukwasi Chineke obi. *Depend on God.* 2. Chidi, i je akwukwọ si n'aka nna ya. *Chidi, going to school depends on his father.*

Deposit – Dọba, [Tinye ihe]: Adaeze dọbar ego na ulo aku. *Adaeze deposited money into the bank.*

Descend – Rida; [Gba da]: Udoka si n'elu osisi we gba da n'ala. *Udoka descended from top of the tree to the ground.*

Describe – Gosi; Atu; Kọwa]: Biko maram gosim ka esi eje Enugwu. *Please, describe to me how to go to Enugu.*

Desire – Ọchichọ; [Dika obi gi si chọ; Ihe guru; Ihe obi madu chọrọ]: Obi m chọrọ ime Chineke obi utọ. *My desire is to make God happy.*

Destroy/destruction – Ebibi; [Kpochapu; Mebi]: Ndi Ụka site na ike Jisọs Krasti kpochapuru ihe ọjọ n'obobo. *The Church by the power of Jesus Christ have destroyed evil in the city.*

Detail: Kọwa n'otu n'otu: Akuba kọwara ya n'otu n'otu. *Akuba explained it in detail.*

Detect – Nyoputa; [Chọ puta]: I chọputara n'aja di-ime garri a? *Did you detect sand in this garri?*

Detergent - Ncha irighiri/miri e ji asu akwa: Were ncha irighiri we sa akwa. *Use the detergent and wash the clothes.*

Determine – Gedo iru; [Gba do anya; Itinye ihe ụchụ]: Gedo kwa iru guọ akwukwọ. *Be determined to study.*

Devote - Madu Arọputa/Weputa onwe ya: Sista Agbasiere weputara onwe ya we nye Chineke. *Sister Agbasiere devoted her life to God.*

Diagnose - Ichọ puta ọria; [ọya]: Ndi dọkita chọ putara na ọria akum [malaria] n'aya Okoroafọ. *The doctors diagnosed Okoroafor with malaria.*

Diaper - Akwa nsi nwa: Nkọli na ewpu akwa nsi nwa. *Nkoli is changing the baby's diaper.*

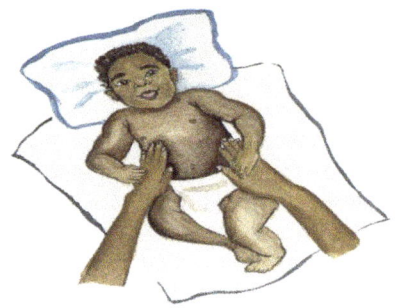

Dictionary - Ọba okwu: E nwerem ọba okwu Igbo. *I have an Igbo dictionary.*

Diet - Nri kwesiri: Uzọ na eri nri kwesiri ekwesi. *Uzo eats proper diet.*

Different -Di iche [ihe idi iche]: Kedu ihe di iche n'ime Sọpuruchi na Ralu. *What is the difference between Sọpuruchi and Ralu?*

Difficult – Siri ike; [Kpagide]: Weruche siri ike madu. *Weruche is a difficult person.*

Diffuse: Efesa; [Gba sa]. Chineke efesara ọgba aghara di na obodo. *God diffused the chaos in the country.*

Dig – Egwu: Amaechi n'egwu ala iji were kuọ aki bekee. *Amaechi is digging the ground to plant coconut.*

Digest - Nri iba afọ: Udochi kwe ka nri m riri bam n'afọ. *Udochi allow the food I have eaten to digest.*

Dignity – Nbuli-elu; [Iwe ugwu]: Chinua nwere ugwu. *Chinua has dignity.*

Dignitary - Ndi oke madu: Odumegwu Ojukwu, K.O. Mbadiwe, Mbọnu Ojike, M.I. Opara bu ndi oke madu. *Odumegwu Ojukwu, K.O. Madiwe, Mbonu Ojike, and M.I. Opara are dignitaries.*

Diligence – Inu-ọku-n'obi; [Igbado anya]: Dubem na egosi kwa ihe inu-ọku-n'obi n'akwukwọ ya. *Dubem shows diligence in his studies.*

Dilute - Ikụ miri; [Ntụgwa]: Mazi Ene n'atụgwa manya ngwọ. *Mr. Ene is diluting the palm wine.*

Diminish – Webi; [Ngubi; Mgbada]: Garri a gbada la na akpa. *This garri has diminished in the sack/bag.*

Dinner – Oriri nke abali; [Nri abali; Ni abani]: Ogbenyealu n'eri oriri abali. *Ogbenyealu is eating dinner.*

Dip – Sue; [Suru; Denye]: Dilichi bia suru ofe. *Dilichi come and dip from the soup.*

Direct – Duzie; [Tuzi aka; Tua aka; Ntuzi aka]: Osita mara atuzi aka. *Osita knows how to direct.*

Direction - Kuzi uzọ; Gosi uzọ: Chiọma kuziri m uzọ. *Chioma gave me the direction.*

Dirty: - Inyi; [Adighi ọcha]: Okenna n'asa uwe ya ruru inyi. *Okenna is washing his dirty clothes.*

Disagree - Ekwe kọtaghi [na]: Soluchi na Sobechi ekwe kọtaghi ọnu. *Soluchi and Sobechi disagreed.*

Disappear – Agaghi-anọ; [Agwupuwo n'etiti; G'apua; Pusi; Mapu; Agbalaga]: Ndi ọjọ gbalaga n'etiti ayi. *Let evil people disappear from our midst.*

Disappoint - Njipu aka; [Jipu aka; Abulu asuọ; Ka ihere me]: Ọ jipu m aka. *I was disappointed.*

Disapproval – E'-e'; [Akwa-doghi]: Papa Uwadi akwa-doghi ya iga. *Uwadi's dad disapproved of his going.*

Disbelieve – Ekweghi: Tochi ekweghi n' ihe Solunna kwuru. *Tochi disbelieved what Solunna said.*

Disciple – Ndi n'eso uzọ Jisọs: Ọ n'eso Ụzọ Jisọs. *He/She is a disciple of Christ.*

Discipline - Idọ-aka-na-nti; Iji kwa: Uju n'ejikwa umu ya. *Uju disciplines her children.*

Disorder – Aghara; [Adighi n'usoro]: Ihe ha na eme di aghara. *What they are doing is in disorder.*

Discomfort – N'ọnọdu ọjọ; [Ahu nsogbu; Mgbaka ahu]: Amaka, inwere mgbaka ahu aka? *Amaka, do you have discomfort on your arm?*

Discontinue - Ikwusi; [Kwusi]: Beluchi kwusiri izu ahia, we bido igu akwụkwọ. *Beluchi discontinued trading and started school.*

Discourteous - Anaghi akwanye ugwu: Dike anaghi akwanye ugwu. *Dike is discourteous.*

Discriminate – Ọ kpara n'agbata; [Ikpa ichi-iche; Ikpa oke]: Ndi be Okereke na ndi be Duru ọ dighi ọ kpara n'agbata. *Okereke and Duru's family do not discriminate.*

Discuss – Nekwurita; [Tughari alo; Kpa nkata]: Afam na Uche nekwurita uka. *Afam and Uche are discussing a matter.*

Disdain – Ileli/Neni anya: Dozie a n'aghi e leli mmadu anya. *Dozie do not disdain people.*

Disease – Ọria; Ọya: Dumebi bu onye dọkita n' agwo ọria. *Dumebi is a doctor that cures disease.*

Disembark – Rida; Ridata; Nripụta [nlipụta]: Ebube riputara na ụgbọ mmiri. *Ebube disembarked from the ship.*

Disgrace – Ita-uta; Imebo; Mmebo: Buchi bu ezigbo nwa o n'aghi eme ihe ita-uta. *Buchi is a good child who do not do disgraceful things.*

Disguise – Nwoghari; Idi n'udi ọzọ: Umu akwukwọ nwoghari onwe ha mgbe ha mere ihe ngosi. *The school children disguised themselves when they acted a play.*

Dish – Efere; [Afere; Afele; Efele; Ọkwa]: Akudo nwere efere. *Akudo has a dish.*

Disheartened – Obi Mebie, [Obi ifu; Nwute obi]: Nkiru nwere obi mebie obe mgbe nna ya nwuru. *Nkiru was disheartened when her father died.*

Dishonest – Ezighi ezi; [Ekwughi ezi okwu; Okwu-ugha]: Akọ gwara umu ya ezighi ezi ajọka. *Ako told her children dishonesty is bad.*

Dishonor – Ọnọdu-ihere; [Eleli; Mmetọ]: Ndi n'ezu ori na etinye onwe ha na ọnọdu-ihere. *People that steal dishonor themselves.*

Disinterested - Iwepu obi: Amuche wepuru obi ya n' inu manya ọtọ bụribụri. *Amuche got disinterested in soda pops [soft drinks].*

Dislike – Ikpọ asi; [Anaghi amasi]: Amara kpọrọ uzu asi. *Amara dislike noise.*

Dismay – Obi ujọ; [Obi iti kpumkpum]: Aladima nwere obi ujọ. *Aladima's heart is dismayed.*

Disobedient: - Nupu isi; [Irupu isi; Isi ike]: Afaọma anaghi nupu isi. *Afaoma is not disobedient.*

Display – Ikpọ sa; [Ikpọ wa]: Ajuruchi kpọ sara ose. *Ajuruchi displayed the pepper.*

Displease – Iwe iwe; [Njọ njọ; Enweghi mete]: Agude mere ihe iwe iwe mesara umunwa nne-ya. *Agude is displeased his sibling.*

Distinct – Ihe puru iche; [Kewapu]: Sọchi puru iche na umu nwanne ya. *Sochi is distinct from her siblings.*

Distort – Ahighari; [Gbanwe; Agbagọrọ-agbagọ; Ikwasa ihe]: Ebere ahighari la ihe ọbula. *Ebere did not distort anything.*

Distribute – Ke; [Keta; Kesa oke]: Chiọma n'ekesa ndi enyi ya achicha bekee. *Chioma is distributing cookies [biscuits] to her friends.*

Distrust – Atu-kwasighi obi; [Obi-abua]: Chinasa atu-kwasighi ndi okwu asi. *Chinasa distrust liars.*

Disturb – Ma-jijiji; Nsogbu; Akpali-elu: Uzu ha mere ka Ezirim ma-jijiji. *The noise they made disturbed Ezirim.*

Ditch – Olulu; Okukoro: Ekeọma n'egwu olulu. *Ekeoma is digging a ditch.*

Divide – Ikpa oke; Kesa; Nkewa [kewa]: Fechi kewara oroma ya. *Fechi divided her orange.*

Do – Mee; Ime ihe: Ezelagbọ mee ọsisọ. *Ezelagbo do hurry up.*

Dog – Nkita: Kedu aha nkita gi. *What is your dog's name?*

Donate - Inye ihe n'efu: Efuru nyere ego na ulo akwukwọ n'efu. *Efuru donated money to the school.*

Donkey - Inyinya ibu: Ezeoke ji inyinya ibu wee bute ede.

Ezeoke used a donkey to carry the cocoyam.

Door – Ọnu-uzọ: Erima nọ n'ọnu-uzọ. *Erima is at the door.*

Doorbell - Mgbiri [mgbili] mgba ọnu-uzọ; [Atanu]: Dubem je mara onye n'aku mgbiri mgba ọnu-uzọ. *Dubem go and see who is ringing the doorbell.*

Double – Okpukpu abua; Uzọ ihe abua: Adaku nwere okpukpu abua. *Adaku had double portion.*

Doubt – [Inwe] Obi abua: Okezie nwere obi abua n'ihe ha kwuru. *Okezie is doubtful of what they said.*

Dove – Nduru: Okoro i nwere nduru? *Okoro, do you have a dove?*

Down – Da; [Rida; Gbada; Ani/Ana/Ala] [Ida n'ani/ana/ala]: Zeruwa dara n'ala. *Zeruwa fell down.*

Drag – Dọkpuru; [Ikpu ihe]: Ọgọnna n' adọkpuru ukwu ya n'ala. *Ogonna drags her feet.*

Drain - Zapu miri [mili]: Uju zapu miri na osikapa. *Uju drain the water in the rice.*

Draw – Se, Sere: Natachi mara ese ihe. *Natachi knows how to draw.*

Dream - Nrọ [nlọ]: To dream: irọ nrọ [ilọ nlọ]: Obumelu n'arọ nrọ. *Obumelu is dreaming.*

Dreary - Ụtọ adi n'ihe: Onye ume-ngwu [ngana] adighi

utọ n'ọlu. *A lazy person finds work dreary.*

Dregs – Ulughulu: Kene, ima n'ulughulu di n' ite-otu manya a? *Kene, do you know that there are dregs in this wine keg?*

Dress – Uwe; [Akwa; Afe; Efe]: Amara je yiri uwe. *Amara go and dress.*

Dribble - Ikpa ihe: Nwankwo Kanu mara akpa bọlu. *Nwankwo Kalu knows how to dribble the ball.*

Drink – Ṅua: Kamto ṅua miri. *Kamto drink water.*

Drip – Natasasi; [Abusa; Abusi; Miri Itu kpọm]: Miri natasasi. *The water is dripping.*

Drive – Nya; [Inya ihe; Chupu]: Kene mara anya ugbọ ala. *Kene knows how to drive a car.*

Drop – Tupu; [Dapu]: Letachi tupuru akpukpọ-ukwu ya. *Letachi dropped his shoes.*

Drowse – Oke ụra ibu [itu]: Ikenna oke ụra ana ebu gi? *Ikenna are you feeling drowse?*

Drug – Ọgwu: Fechi na ele ahia ọgwu aghu mgbu. *Fechi sells drug for body ache.*

Drugstore -Ahia ọgwu: Ifeanyi nwere ahia ọgwu. *Ifeanyi has a drugstore.*

Drum – Igba: Uche mara akụ igba. *Uche knows how to play drum.*

Drum stick - Osisi eji akụ igba: Ọsita nwere osisi eji akụ igba. *Osita owns a drum stick.*

Dry - Kpọrọ akpọ; [Ị̄kpo nku/kpọlu nku]: Ose, Eloka dobere n'anwu akpọrọ nku. *The pepper Eloka kept in the sun is dry.*

Due – Mgbe diri ihe; [Ruru onye; Site-na: Mgbe ikwa nyere Mazi Okereke ugwu eru le. *The time to honour Mr. Okereke is due.*

Dull - Iju oyi: Ihu Chiaka juru oyi? *Chiaka's face is dull.*

Dumb – Ogbu, [Ida ogbu]: Jesu gwọrọ onye ogbu. *Jesus healed a dumb person.*

Dumbfound - Ọjuru [ojulu] ya onu: Onu juru Oluchi n'ihe ha mere. *Oluchi was dumbfounded at what they did.*

Dust – Aja-uzuzu, [Uzuzu]: Uzuzu erika n'oge ụgụrụ. *There is so much dust during harmattan.*

Duty – Ọlu: Okoro n' alu ọlu ya. *Okoro is doing his duty.*

Dwarf – Onye-ukpọ; [Akakpọ]: Echika hụrụ onye-ukpọ n'ahia. *Echika saw a dwarf in the market.*

Dwell – Biri; [Ị̄bikọ]: Binyelum na di ya biri na ulo ha. *Binyelum and her husband dwell in their house.*

Dye – Uli: Ugo were uli. *Ugo take the dye.*

E

Each – N'otu n'otu; [N'ofu n'ofu; Kwa; Onye n'onye]: Ebere nyere umu aka n'otu n'otu ọka. *Ebere gave the children each a corn.*

Eager – Obi nanu ọku; [I di ọku n'obi, Agusi-ike; Chọsi-ike; Eme ngwa]: Ọ dim ọku n'obi ka ndi be ayi gbakọ n'afọ a. *I am eager for my family to gather this year.*

Eagle – Ugo: Ugo di ala Igbo. *Eagles are in Igbo land.*

Ear –Nti: Ekwy igba puru nti gi? *Ekwy did you pierce your ear?*

Ear ache - Nti ngbu: Nti na egbu Ebubenna. *Ebubenna has ear ache.*

Early – Isi-ututu; [Ngwa; N'oge]: Echika n'ebili na isi-ututu. *Echika wakes up early.*

Early morning - Isi ututu: Mazi Ejikeme n'ebili n' isi ututu were eje ọlu. *Mr. Ejikeme gets up early in the morning to go to work.*

Earring - Ọla nti: Awele zutara ọla nti. *Awele bought earrings.*

Earth – Uwa: Odozi aku Mazi Amaechi, si na uwa ebuka. *Mrs. Amaechi said that the earth is big/unfathomable.*

Earthquake - Ala ọma jijiji: Ndi obodo Heti, nwere ala ọma jijiji n'afo puku-abua-na-iri. *Haiti had an earthquake in the year 2010.*

Earthworm – Idide: Nebo ji idide were ese azu. *Nebo uses earthworm for fishing.*

East – Iru-anyanwu; [Ọwuwa Anyanwu]: Ulo Nnamnọ di na ebe iru-anyanwu. *Nnamnọ's house is in the east.*

Eat: Iri [ili]: Mazi Ndule, na eri ezigbo nri. *Mr. Ndule eats good food.*

Echo - Uda olu: Anam alu uda olu Nneka. *I can hear Nneka's echo.*

Education - Igu akwukwọ: Ugonna gutara akwukwọ ezigbo. *Ugonna is well educated.*

Effect – Putara; Ihe kpatara ihe: Miri zoro na afọ a putara nri akọrọ ji we mme ofuma. *The rainfall this year had a good effect on the bountiful crops.*

Egg – Akwa: Uchechi siri akwa. *Uchechi boiled an egg.*

Eight – Asatọ: Ebere nwere akpa aka asatọ. *Ebere has eight handbags.*

Elbow – Ogwe aka; [Nku aka]: Somtochi nwere ebu m pụta uwa na ogwe/nku aka ya. *Somtochi has birthmark on his elbow.*

Elder – Okenye: Enwere ọtutu okenye na ala ayi. *There are lots of elders in our land.*

Elect – Arọputara; [Họputara; Nhọputa; Rọputara]: Arọputara Mazi Ude. *Mr. Ude was elected.*

Elephant – Enyi: Udenwa sere enyi. *Udenwa drew an elephant.*

Embarrass – Ihere: Biko emezina m ihe ihere. *Please, do not embarrass me.*

Emergency - Ihe mberede; [Ihe nda pụta]: Ihe mberede daputara Ikeora. *Ikeora had an emergency.*

Employee - Onye ọru [ọlu]: Ọ bu onye ọru n'ulo ọgwu. *She is an employee in the hospital.*

Employer - Onye nwe (nyere) ọru; [Onye isi ọru; Onye nwe ulo ọru/ọlu]: Obinna nyere Amaka ọru. *Obinna is Amaka's employer.*

Empty – Tọgbọrọ n'efu; [N'aka efu; Gbara aka; Ihe adighi]: Ite ofe tọgbọrọ n'efu. *The soup pot is empty.*

Enable – Nye aka; [Nye ike; Agba nyere]: Nna Golibe nyere ya aka. *Golibe's dad enables her.*

End – Gwu; [Gwusiri; Ogwugwu; Ngwusi; Ngwucha]: Ayi ga e je Uka na ngwusi aro. *We will go to Church at the end of the year.*

Endeavour – Anu oku n'obi; [Icho; Iti uchu]: Ginika gwara ndi enyi ya ka onu ha oku n'obi na ebe akwukwo ha di. *Ginika told his friends to endeavor in thier studies.*

Endurance –Ntachi obi: Raluchi nwere ntachi obi ebe olu ya di. *Raluchi has endureance in his work.*

Enemy – Onye-iro; [Ndi iro; Onye ilo]: Enwe na onye-iro. *Do not have an enemy.*

Energy – Ike: Ike sina anyanwu ka eji anya ufodu ugbo ala. *The energy from sun is used for driving some cars.*

English - Asụsụ bekee: Efure mara asụ asụsụ bekee. *Efure can speak English.*

Enjoy –Uto; [Aṅuri]: Ezioma mara ka esi enwe obi uto. *Ezioma knows how to enjoy life.*

Enter –Bata; [Banye]: Ezelagbo batara na ugbo elu. *Ezelagba entered the plane.*

Envy – Ekworo; [Anya okụ]: Uchedu gwara umu ya ha ekwosola ndi madu ekworo. *Uchedu told his children not to be envious of people.*

Equal – Ra; [Isi nha anya; Ofu isi; Ofu ihe]: Oke nke gi n'oke nke nkem ra. *Your share and mine are equal.*

Erect – Guzoro; [Ikwu ọtọ]: Enyinnaya guzoro ọtọ na foto. *Enyinnaya is standing erect in the picture.*

Errand - Ozi: Ezidima jere nna ya ozi. *Ezidima went on an errand for his father.*

Error – Nmehie; [Emere n'amaghi-ama; Njefie; Emetaghi]: Biko gbara-ram na nmehiem. *Please for give for my error.*

Erupt - Nti pu [nti wa]: Ugwu di na agiga miri tipuru. *The mountain by the river erupted.*

Escape – Gbapu: Anu-ufe [Nnunu] Ezindu nwutara n'ohia mgbapuru. *The bird Ezindu caught in the woods*

escaped.

Essential – Nkpa karia: Ṅnu bu ngwa nri dị nkpa karia na ofe. *Salt is an essential ingredient in soup.*

Eternal - Ndu Ebighi ebi: Jeso Kristi nyere ayi ndu ebighi ebi. *Jesus Christ gave us eternal life.*

Evade - Igba ihe ọsọ: Onwe ghi onye ga agbara ura ọsọ. *Nobody can evade sleep.*

Evaluate – Nucha; [Nwaputa; Ile luru anya]: Ndi nkuzi nuchara umu akwukwọ. *The school evaluated the teachers.*

Evangelist - Onye na ezisa ozi ọma Chukwu: Eronini bu onye na ezisa ozi ọma

Chukwu. *Eronini is an evangelist for God.*

Evening – Anyasi; [Mgbede]: Ndidi jere Ụka Anyasi. *Ndidi went to evening Mass.*

Everything – Nile; [Nine]: Njideka wetara ihe nile. *Njideka brought everything.*

Everyone - Onye ọ bula [Onye ọ buna, Onye ọ wuna]: Eze Arọ kpọrọ onye ọbula bia. *The king of Arọ called everyone to come.*

Everywhere - Ebe nile [Nine]: Umu aka juru ebe nile! *Children are everywhere!*

Evidence – Ihe-iriba-ama; [Ihe-ama; Atita]: Onwere ihe-iriba-ama ihe mere. *She has evidence of what happened.*

Evil - Ihe ọjọ: Ihe ọjọ bie. *May evil cease.*

Ewe - Nne aturu [Atulu]: Nebeolisa nwere nne aturu nke uku. *Nebeolisa has a lot of ewes.*

Exalt – Bulie elu; [Weli elu; Bunie elu/enu]: Ka ayi bulie Chineke ayi elu. *Let us exalt God our Creator.*

Exam - Ule: Nnenne na ele ule. *Nnenne is taking exams.*

Examination – Ile ule: Ndi ulo akwukwọ Nchekwube n'ele ule. *Nchekwube's school is having their examination.*

Example - Ima atụ; [Ọmuma atụ]: Ezelagbọ bu nwanyi eji ama atụ. *Ezelagbo is an exemplary woman.*

Exceed - Kari [Iga ihe/ife; Ime karia]: Nnaemeka me kariri ihe, karia ka esi tụwa anya. *Nnaemeka exceeded expectation.*

Excel – Babiga oke; [Nafere; Ka ibe ya]: Okenna babigara oke n'ule. *Okenna excelled in the exams.*

Except – Nani; [Nali; Belụ]: Onye ọbuna nọ ebe a nani Emeka. *Everybody is here except Emeka.*

Exchange - Gba nwe ghari; [Gba new ghali [Zigarita]: Kanyi gba nwe gharia oche. *Let us exchange chairs.*

Exclaim - Kpọrọ Nkpu, [Tiri mkpu]: Ndubuisi kpọrọ nkpu. *Ndubuisi exclaimed.*

Exclude – Kewapu; [Kpapu]: Onye nkuzi ayi sina ọdighi nma ikewapu madu. *Our teacher said it is not good to exclude people.*

Excuse – Ngọpu, [Riọ ka arapu]: Nkọlika riọ ka arapu ya ibia n'nzukọ. *Nkolika took an excuse to be absent from the meeting.*

Exhale - Kupu ume: Biko umum ka m nkupu ume. *Please, my children let me exhale.*

Exhaust - Ndọgbu; [Ike agwula; Ike ọgwugwu]: Ndi ọlu ha a dọgbo la onye isi ha. *The workers exhausted their leader.*

Exhibit – Kpọsa; [Kpọba; Ngosi]: Nkemdirim kpọsara azu n'ọdu ahia. *Nkedirim exhibited fish in the market stall.*

Exist - Di: Chukwu di. *God exists.*

Expect – Ele anya; [Eche; Neche; Nwere olile anya]: Ada nwere olile anya n'ebe Chineke Nna nọ. *Ada has an expectancy from God the Father.*

Expel – Wepu; [Chupu]: Achupuru ndi na efe alusị. *Idol worshipers were expelled.*

Expensive – Oke ọnu; [Dara ọnu-ahia; Ọdaka]: Ulo Nwadiutọ di oke ọnu. *Nwadiuto's house is expensive.*

Experience: Mara; [G'ama; Ima anya ihe]: Onye eziokwu agaghi-ama obi jijiji. *A truthful person will not experience fear or anxiety.*

Explain – Gosi; [Kpọputa; Kọwa; Nkọwa; Akọwa]: Nwachinaemere mara akọwa okwu. *Nwachinaemere knows how to explain words.*

Explore – Igabiga; [Ledo ala; Igabiga nime; Ine ghari anya/Mkpaghari maka ichọputa ihe]: Oge Ozzie jere Enugwu, Ọ gabigara ebe di iche iche. *When Ozzie went to Enugu, she explored different places.*

Expose – Ekpughe; [Egosi; Gba n'anwu]: Fada gekpughe ihe ọjọ na obodo. *The Rev. Father expose the evil in the city.*

Extinguish – Nmenyu; [Gbanyuọ]: Ọgọnna si umu ya ha emenyu na Muọ Nsọ nke Chukwu na ndu ha. *Ogonna told her children not to extinguish the Holy Spirit of God in their lives.*

Extol – To [Bulie]: To Chukwu oge dum. *Extol God always.*

Extra – Kari; [Karia; Nmezi]: Kasarachi gara ozi kari ndi agbata obi-ya. *Kasarachi did extra work than her neighbours.*

Eye – Anya: Mr. Ọchiọgu nwere ugegbe anya. *Mazi Ochiogu has eye glasses.*

Eyeball - Mkpuru anya: Mkpuru anya Ọgugua ebuka. *Ogugua has big eyeballs.*

Eyebrow - Nku anya: Nwaomiko kpuru nku anya

ya. *Nwaomiko trimmed her eyebrow.*

Eyelash - Mpupe anya: Amaka dere uli na mpupe anya ya. *Amaka applied mascara on her eye lash.*

F

Fabric – Akwa: Ọ bu Chijioke nwe akwa. *It is Chijioke that owns the fabric.*

Face - Iru [ihu]: Iru umu Kachi amara nma. *Kachi's children's faces are beautiful.*

Fact – [In fact] Ma, [Le]: Ma, le; ana akọ ji n'udu miri. *It is a fact that yam sown during the raining season.*

Factory - Ebe ana alu ihe; [Ulo ebe ana emeputa ihe]: Niprọk pu ebe ana eme ncha oge agha biri. *Niprok is a soap factory at the end of war.*

Fade – Mgbacha; [Atalata; Gbanwe; Nyacha]: Akwa Chimere adighi atalata. *Chimere's fabric does not fade.*

Fail – Gadala; [Aghara ime; Da; Ọdida]: Chineke, kwudoro gi, igaghi adala. *If God the Creator is standing for you, you cannot fail. [Amen!]*

Faint – Adighi ike; [Enweghi ike; Ida site n'ike ọgwugwu]: Nduka dara n'ala site n'ike ọgwugwu. *Nduka fainted from exhaustion.*

Fair – [Complextion] Ọdi ọcha; [Icha ọcha]: Uju di ọcha. *Uju is fair in complexion.*

Fair – [Dealings] Atule: Uzọ Chineke di-atule. *God's way is fair.*

Faith – Okwukwe: Uduekwesi nwere okwukwe. *Uduekwsi has faith.*

Fake – Abughi ezigbo ya; [Adigboroja]: Ọla nka abughi

ọla edo, ọbu adigboroja. *This jewelry is not gold, it's is fake*.

Fall - Da: Nkọli biko a da kwala. *Nkoli please, don't fall.*

False – Ugha; [Obughi eziokwu]: Ọbụ ugha na Nebo anaghi e je uka. *It's false that Nebo does not go to Church.*

Fame: Anu Akukọ maka madu; [Onye ama ama]: Ananu akukọ Chinua Achebe ebe nile. *Chinua Achebe has fame everywhere.*

Family – Umu-nna; [Agburu; Ezi n'ulo]: Amanke nwere ezigbo umu-nna. *Amanke has a good family.*

Famine – Oke unwu; [Aguu; Ugani]: Oke unwu di n' ofe miri. *Famine is across the river.*

Fan – Akupe/nkupe – hand-held fan; [Ihe-nfucha - Winnowing fan]: Nkechi nyere Ugo akupe ya. *Nkechi gave Ugo her fan.*

Far – Di anya; [Ebe Tere aka; Ote aka; Ibe telu aka]: Arọchukwu di anya n'ebe Enugwu di. *Arochukwu is far from Enugwu.*

Farewell – Ije ọma: Nnam ije, ije ọma. *I wished my father farewell.*

Farm - Ubi [ugbo]: Cheta jere n'ubi. *Cheta went to the farm.*

Farm hand - Onye n'enye aka na ubi/ugbo: Nna Obiageli nwere ndi n'enyere ya aka n'ubi. *Obiageli dad's has farm hands in his farm.*

Farming: Ikọ ubi [ugbo]: Ifeanyi n'akọ ubi. *Ifeanyi is farming.*

Fashion - Oke akwa: Adaku bu onye oke akwa. *Adaku is a fashionable person.*

Fast - Ọsọsọ [ọsisọ]: Udo jere ọsọsọ. *Udo went fast.*

Fat [body] – Ibu: Oke ibu adighi nma. *To be too fat is not good.*

Fat [animal fat] – Abuba: Ezi nwere abuba nke uku. *Pigs have lots of fat.*

Father - Nna [papa]: Nna ayi bu ezigbo nna. *Our dad is a good father.*

Father-in-law – Nna di/Nna nwunye; [Ọgọ nwoke]: Chioma jere nna di ya ozi. *Chioma ran an errand for his father-in-law.*

Fathom - Ighọta ihe: Aghọtaghi m ihe Ọgọnna na eme. *I cannot fathom what Ogonna is doing.*

Fatigue - Ike ọgwugwu: Site na ọsọ Nneka gbara ike gwuru ya [onwere ike ogwugwu]. *Due to the race Nneka ran she is fatigued.*

Fault – Osi na aka; [Digi na aka/Osi na aka]: Osi na aka Fechi we mebie. *It is Fechi's fault that it spoilt.*

Favour – Amara iru; [Ihu ọma/iru ọma]: Umu Chineke ahutawo amara na iru Ya. *God's children have found favour in His sight.*

Fear – Egwu; [Ụjọ]: Ogbonnia adighi atu egwu onye ọbu la. *Ogbonnia does not fear anyone.*

Fearless - Egwu atụ; [Ụjọ atụ]: Ụjọ anaghi atụ Nchekwube. *Nechekwube is fearless.*

Feces – Ṅsi: Ṅsi na esi isi. *Feces is smelling.*

Fee - Ego ana akwu: Ego ana akwu were ahu dọkịta bu Naira ise. *The fee to see the doctor is five Naira.*

Feed - Inye nri: Biko nye nwa nri. *Please, give the baby food.*

Female – Nwanyi: Ifeyinwa bu nwanyi mara nma obi.

Ifeyinwa is a woman with a beautiful heart.

Fence – Ogige; [Mgbana]: Fuchi nọ na ogige. *Fuchi is at the fence.*

Fertile - Ala na eme nri; [Ala ubi ọma; Ezio ke ala]: Ndi Akaeme wu ala n'eme nri. *Ndi Akaeme is a fertile land.*

Fertilizer – Ṅsi-anu; [Ọgwu bekee eji akọ ubi]: Ujunwa tinyere ṅsi-anu n'ihe akọrọ na ubi ya. *Ujunwa fertilized her crops in her farm.*

Festival: Ememe; [Oge ọriri na ọnunu]: Ọnwa nke anọ bu oge ememe. *[April] The fourth month is the time for festival; there is eating and drinking.*

Fetch – Weta; [Bute; Kute]: Ifeanyi weta ukwu nku. *Ifeanyi fetch the bundle of the firewood.*

Feud – Ese okwu; [Buso agha]: Enweghi onye nese okwu n'ezi n'ulo ha. *There is no feud in their family.*

Fever - Aru ọku; [Ahu ọku]: Nebechi nwere aru ọku. *Nebechi has fever.*

Few – Ole-na-ole; [Obere; obele; Ipe-mpe]: Adi ole-na-ole biara nzukọ. *There were few people at the meeting.*

Field -Ọzara [ọzala]: Uchechi kuru ọka n'ọzara. *Uchechi planted maize in the field.*

Fifteen - Iri na ise: Chimere agba arọ iri na ise ta. *Chimere will be fifteen years old today.*

Fifth - Onye nke ise: Fuchi gbara onye nke ise. *Fuchi came fifth.*

Fifty - Iri ise: Ugochi gbara arọ iri ise unnyaghu. *Ugochi turned fifty years old yesterday.*

Fight – Agha; [Ọgụ]: Agha ajọ ka. *Fight is bad.*

Fill – Gba ju; [Kpojue; Itinye ihe n'ohere]: Eke gba ju ite miri. *Eke fill the pot with water.*

Fin – Nku azu; [Ntu]: Nku azu a n'acha edo. *This fish has a golden fin.*

Find – Chọta: Chinyelu chọta mgba aka gi. *Chinyelu find your bracelet.*

Fine – [Charge]Iri iwu; [Ili iwu]: Ime mkpọtu, a ga eri gi iwu. *If you make noise, you will be fined.*

Fine: [Product] Ihe mara nma: Ulo akwukwọ ayi mara nma. *Our school is fine.*

Finger – Nkpisi-aka; [Nkpuru-aka]: Nkpisi-aka Kene toro ogologo. *Kene fingers are long.*

Fingernail - Nbọ-aka: Egondu tere uli na nbọ-aka ya. *Egondu painted her fingernails.*

Finish – Bie; [Bisiri; Imecha; Ọgwula; Luzu]: Biko Eziani mgbe igu bieri ihe ọgugu bia nyerem aka. *Please, Eziani when you finish reading come and help me.*

Fire – Ọku: Ọku agbaghi ulo ha. *Their house was not razed by fire.*

Firm - Ikwu akwu [ikwusi ike]: Onye isi nkuzi nwere obiọma, mana okwusiri ike n'izu umu akwụkwọ ọfuma. *The principal has a compassionate heart but is firm in discipline with training the students.*

First – Mbu, [Izizi]: Emeka bu onye mbu biara ebe a.

Emeka is the first to come here.

Fish – Azu: Ejike gbutere azu diche. *Ejike caught a different kind of fish.*

Fit – Kwesi; [Ida ba]: Ihe kwesiri Efure n' Efuru. *Things fitted well for Efure and Efuru.*

Five – Ise: Ekwy nwere ulo ise. *Ekwy has five houses.*

Fix – Dozie: Nzubechukwu na edozi ugbọ ala ya. *Nzubechukwu is fixing his car.*

Flame - Ire ọku: Ire ọku nka di egwu. *This flame of fire is awesome.*

Flavour – Utọ: Utọ abacha amaka. *The flavour of this African salad is good.*

Flip – Itughari: Le nga atughari ego igwe a. *See I will flip this coin.*

Float- Ise n'elu [enu] miri: Nku nnunu n'ese na elu miri. *A bird's feather floats on water.*

Flock - Igba kọ [gathering]: Umu nnunu n'agba kọ na anyasi. *Birds flock in the evening.*

Flog – Pia; [Tie ihe]: Nna ha piara ha ihe maka ha agaghi akwukwọ n'oge. *Their dad flogged them because they did not go to school on time.*

Flood – Iju-miri [mili-tolu/itoro]: Iju-miri di na nwa ngele [ngene]. *There is a flood in the little creek.*

Floor – Ala; [Ana; Ani] simenti: Buchi nwere ezigbo ala simenti. *Buchi has a good cement floor.*

Flow – Eru; [Ihu; Iru]: Miri Imo na eru ọfuma. *The Imo River flows well.*

Flower – Okoko-osisi; [Ifuru]: Okoko-osisi almond na apụta [amụgha] na ọnwa abua n'arọ na Israel. *The almond flower blossom in February in Israel.*

Flush – Gbacha: Jee gbacha ogwe. *Go and flush the toilet.*

Flute – Ọja; [Opi]: Mazi Ezeobi ma egbu ọja. *Mazi Ezeobi knows how to play the flute.*

Fly - Fe: Sochi ma ka esi efe n'ugbọ elu. *Sochi knows how to fly the plane.*

Foam - Ufufu [uhuhu]: Ncha nkọta na agbọ ufufu nke-ọma. *Black soap foams well.*

Focus - Igba do anya: Nkechi na agbado anya n'akwukwọ. *Nkechi focused on her studies.*

Foe – Onye nkpagbu; [Onye megido/iro]: Chineke si ka ayi kpere onye na kpagbu ayi ekepere. *God asked us to pray for our foes.*

Foil – Mebi: Chineke na emebi ihe ndi ọjọ na aghọ. *God foils the plans of the wicked people.*

Fold – Pia-jie: Amara pia-jierem akwa. *Amara fold the cloth for me.*

Folktale -Akukọ-ifo: Papa ayi n'akọrọ ayi akukọ-ifo. *Our dad tells us folktales.*

Follow – Iso: Na eso Jisọs. *Be following Jesus.*

Food – Ihe Oriri, [Nri; Nni]: Chijioke nwere ihe oriri. *Chijioke has food.*

Fool – Onye Nzuzu; [Onye Iberibe]: Onye jụrụ ndumọdụ nne na nna ya wu onye nzuzu. *Anyone who refuses his/her parents counsel is a fool*

Foot – Obu/obe ukwu: Adaeze zodoro otu obu ukwu na ala. *Adaeze has one foot on the ground.*

Forbid – Gbochie; [Ekwela; Ekwene]: Egbochi kwala onye ọ bula ite egwu. *Do not forbid anyone from dancing.*

Force - Ike [N'ike]: Ejighi ike eso umu aka. *You do not use force on children.*

Fore - Iru; [Bute uzọ; Bute uzọ]: Uzọchi nọ n'iru, maka na ọdi ntakiri. *Uzochi is in the fore front because she is small.*

Forecast – Kwu ihe ga eme n'ihu; [Eche echiche]: Ndi amuma kwuru maka ọbibia eze. *The prophet forecasted the arrival of the king.*

Fore Father - Ndi nna nna ayi: Ndi nna nna ayi ha ma achikwa ndi nke ha. *Our fore fathers ruled their own well.*

Forehead – Egedege iru; [Egedege ihu]: Echika nwere nukwu egedege iru. *Echika has a big forehead.*

Foreigner - Onye ala ọzọ: Fechi letara onye ala ọzọ na beya. *Fechi took care of the foreigner in her home.*

Foresight – Ezi uche; [Anya ihu ọdina iru/ihu]: Eziokwu nwere ezi uche. *Eziokwu has foresight.* Ọgọchukwu nwere ezigbo anya maka ọdina iru. *Ogochukwu has a good foresight.*

Forest - Ọhia; [Ọfia]: Dike jere nta na ọhia. *Dike went hunting in the forest.*

Forever – Ebighi-ebi: Otito dili Chineke n'ebighi-ebi. *Glory be to God forever.*

Forewarn – Gba ji ogu; [Gbasi ama]: Eze Kanu gba jiri umu aka ogu ka ha mé nke ọma. *Chief Kanu forewarned the children to behave well.*

Forfeit – Wezuga; [Igba hapu/rapu]: Chinyere ewezugara ihe nketa ya. *Chinyere forfeited her inheritance.*

Forget: - Chezọ; [Iche fu; Nche fu]: Iche furu ihe nna gi gwara gi? *Did you forget what your father told you?*

Forgive – Gbaghara; [Mgba ghara]: Gbaghara ihe madu me jọrọ gi. *Forgive people the wrong they did to you.*

Fork - Ngazi eze: Njideka yem ngazi eze ka mwere rie nri. *Njideka give me fork to eat.*

Forty: - Iri anọ: Ezidima gbara afọ iri anọ n'ọnwa gara aga. *Ezidima turned forty years last month.*

Forward - Ga niru [Na aga niru]: Site n'amara Chukwu ayi ga n'aga niru. *By the mercy of God, we will be moving forward.*

Four – Anọ: Ọla nwere umu anọ. *Ola has four children.*

Fourteen - Iri na anọ: Eziaha wetara akwu olu iri na anọ. *Eziaha brought fourteen pineapples.*

Fourth - Nke anọ [onye nke anọ]: Ezinwanne bu nwa nke ano. *Ezinwanne is the fourth child.*

Fowl – Ọkuku; [Ọkukọ]: Ọkuko ọcha n' akpa n'ikpa ya ka egbe na egbu. *A white fowl that treads in plains/farm area the hawk preys on.*

Fox: - Nkita-ọhia; [Aghulu; Aghulu ọmikpa]: Gbara ya ọsọ, obu nkita-ọhia. *Run away from him, he is a fox.*

Free - N'efu; [Na nkiti, Nenyeghi ego]: Ndi Karitas nyere nri n'efu mgbe agha.

The Caritas gave free food during the Biafran war.

Freedom - Inwere onwe: Jisọs Kraist nwuru n'obe ka ayi were nwere onwe ayi. *Jesus Christ died on the cross for us that we may have our freedom.*

Freewill – Afọ-ofufo; [Ihe si n'obi]: Ego, Obi nyere bu onyinye-afọ-ofufo. *The money Obi gave is out of his freewill.*

Frequent - Ọtutu mgbe; [Ịgba unu]: Chiaku na eje Asaba ọtutu mgbe. *Chiaku frequents Asaba.*

Fresh - Ọhu; [ọghulu; Ọghuru; Ndu]: Akudo idi ọhu. *Akudo you are fresh.*

Fret – Iwe ọku; [Kpasu obi; Obi mgbaka]: Iwe-nna ya di ọku; maka nti-ike umu ya. *His dad frets; because of his children's stubbornness.*

Friend – Enyi: Amuche na Afaọma bu enyi. *Amuche and Afaoma are friends.*

Frighten – Eyi egwu; [Oke egwu; Ama jijiji; Iyi egwu]: Ọchichi na eyi Juruchi egwu. *Darkness frightens Juruchi.*

Frog – Awọ: Cherechi na azu awọ. *Cherechi raises frog.*

Frown – Ifi nwu iru [ihu]: Akọ si n'ifi nwu iru n'emebi iru. *Ako said to frown your faces spoils the face.*

Fruit - Mkpuru osisi: Agbọma na eri mkpuru osisi. *Agboma is eating fruit.*

Fruitful – Muanu Ọmumu; [Mia nkpuru kari]: Chineke chọrọ ka ayi mua ọmumu. *God wants us to be fruitful.*

Frustrate – Mebi ihe; [Igba aghaghana: Ị wepu akwa

ọkụkọ kpụ na akwa, ịgba ya aghaghana. *If you take an egg of a hen that is incubating her eggs, you frustrate the hen.*

Fry - Ghe: Akwaugo n'eghe ukam. *Akwaugo is frying plantain.*

Full: Juputa; [Iju eju; Iju na ọnu; Iju puta]: Nkata (Ekete) Amuche juputara na ọnu. *Amuche's basket is full.*

Fume [Smoke] - Anwuru ọku: Anaetochi huru anwuru ọku na ọhia. *Anaetochi saw fume [smoke] in the bush.*

Fun – [Play/enjoy] Igwuri-egwu: Umu aka na egwuri-egwu n'ulo ha. *The children are having fun in their home.*

Fun [make fun of] I kwa emo; [Nachi ha ọchi]: Ọ ihe ọjo I kwa ndi ogbonye emo. *It is a sin to make fun of the poor.*

Fund (pay) - Ikwu ugwọ ihe: Akuekwesi na akwu ugwo eji alu ulo akwukwọ. *Akuekwesi is funding the building of the school.*

Furious – Iwe ọku: Chika were iwe ọku na abali ụnyaahụ. *Chika was furious last night.*

Furrow - Ọgba ala-ubi; [Ọnu anu manu gwuru]: Ọsa gwuru ọgba ala-ubi na nkọnkọ ulo. *Squirrel burrowed a furrow beside the house.*

Further – Gabiga; [Aga banye kwuo]: Chinweike gabiga na uzọ. *Chinweike went further on the road.*

Fury - Iwe ọku; [Ọnuma]: Biko adina iwe ọku, Chijioke. *Please, don't be in a fury, Chijioke.*

Futile - Ihe efu: Ihe Chijioke mere abughi ihe efu. *Chijioke's efforts were not futile.*

Future - Iru [N'iru]: Chukwu ma echim. *God knows my tomorrow/future.*

G

Gain - Uru: Menwa ritere uru n'ahia ozuru. *Menwa gained in her trading.*

Gale – Oke ifufe; [Oke ikuku]: Oke ifufe kutu siri osisi n'Aba. *Gale fell trees in Aba.*

Garbage: Ikpo ahihia; Ebe Ikpo ahihia; Ihe ajuru aju]: Ndi ot'iwu bupuru ikpo ahihia n'nko uzo. *The lawmakers removed the garbage heap by the road side.*

Garden - Ubi [ugbo]: Ada nwere ubi okoko-osisi n'nko ulo ha. *Ada has a flower garden beside their house.*

Garner – Kpokọta; [Kpo kọlita]: Ọka egbutere na ubi kpokọta ya tinye na nkata. *The corn harvested from the farm, garner them put it in the basket.*

Gas [fart]– Nyu-aru [Inu-ahulu]: Onyọ nyu aru? *Who passed the gas? Who caught the air?*

Gasp – Ume ntabi; [Kusie ume ike; Ume ichu ọsọ]: Chiso nwere ume ntabi ka ọgbachara ọsọ. *Chiso was gasping for breath after the race.*

Gate - Ọnuzo ama: Nebo mechiri ọnuzo ama. *Nebo closed the gate.*

Gather – Chikọta; [Gbakọ; Mkpọkunọ]: Umu ọkuku n'agbakọ n'okpuru nnekwu. *Chicks gather under the wings of the hen.*

Gaze – Ile anya; [Ine anya; Ichado anya]: Gini ka ina ile anya, Nkoli? *What are you gazing at, Nkoli?*

Gazelle – Mgbada: Mgbada juru na ọhia mgbe gbo. *There were lots of gazelle in the forest/bush in the olden days.*

Gene - Ihe di n'ọbara: Adaobi mara ekwe ụkwe, obu ihe di n'ọbara ya. *Adaobi knows how to sing; it is in her genes.*

Generation – Ọgbọ; [Azi; Ndụdụgandụ]: Ọgbọ nke atọ ha amara nma ka ndi nke abua. *Their third generations are as beautiful as the second.*

Gentle – Nwayọ: Nkasi were nwanyọ we kuru nwa. *Nkasi carry the baby gently.*

Genuine – Ezigbo; [Ezie; Enweghi iru-abua]: Mesomachi bu ezigbo madu. *Mesomachi is a genuine person.*

Get - Wete [Nwete; Weta: Ukachi je wete igodo ugbọ ala. *Ukachi go and get the key to the car*.

Gird – Ke; [Nkedo; Kedo: Kenenna ke-do eriri uwe gi. *Kenenna gird the belt of your clothes.*

Girl – Nwata nwanyi: Buchi bu nwata nwanyi ọma. *Buchi is a good girl.*

Give – Nye: Akachi nye Akwugo akwukwọ ọgugu. *Akachi give Akwugo the reading book.*

Gizzard – Eke: Eke ọkuku na enye ọbara/n'ahu/n'aru. *Chicken gizzard is nutritious.*

Glad – Ṅuria; [Obi ụtọ]: Ikwe ukwe na eme obi aṅuri. *To sing gladdens the heart.*
Glance – Le biri anya; [Ne bili anya]: Biko Adure le biri anya. *Please, Adure take a glance.*

Glass – Enyo; [Ugegbe]: Afaọma nwere enyo n'ulo ya. *Afaoma has glass in her house.*

Glory – Ebube; [Ugo]: Ebube Chukwu amaka. *The glory of God is beautiful.*

Glow – Nwuputa; [Muke; Mgbuke]: Ala umu aka tere ne nwuputa ihe. *The floor the children waxed/polished is glowing.*

Go – Je: Anadu, je nzukọ. *Anadu go to the meeting.*

Goal [aim] – Jisi ike: Jisi kwa ike ime ihe di nma. *Make it a goal to do what is right or good.*

Goal [sports] – Goolu: Eji goolu abua merie ha. *They lost with two goals.*

Goat – Ewu: Adim siri ngwọngwọ isi ewu. *Adim cooked goat head delicacy.*

Gobble – Ilo nri: Akuju loro nri ya. *Akuju gobbled his food.*

Gold – Ọla edo: Ọla nti ya bu ọla edo. *Her earrings are gold.*

Goldsmith – Onye-nnucha-ọla; [Onye n'akpu/atu ọla edo]: Mazi Amuche bu onye-nnucha-ọla. *Mr. Amuche is a goldsmith*

Gone - Eje we la; [Oje we la; Ọpuọ la]: Amarachi eje we la ọlu. *Amarachi has gone to work.*

Good – Ọdi nma; [Ọfuma]: Ada, tata di nma. *Ada, today is good.*

Gossip – Okwu-azu; [Agba ama ọjọ; Asiri]: Akwaeze adighi okwu-azu. *Akwaeze do not the gossip.*

Govern – Achi; [Chia; Ọchichi]: Adikachi, mara achi. *Adikachi governs well.*

Government – Ndi Ọchichi: Agbọnma n'ekpere ndi ọchichi ekpere. *Agbonma, prays for the government.*

Governor - Onye isi n'achi steeti: Beluchi bu onye isi n'achi steeti. *Beluchi is the governor of the state.*

GPS - Ọgba ama ụzọ: Adanna nwere ezigbo ọgba ama ụzọ n'ugbọ ala ya. *Adanna has a good GPS in her car.*

Grain – Nkpuru; [Nkpulu]: Obi ghara nkpuru ọka na ubi ya. *Obi sowed Corn/maize grains in his garden/farm.*

Grant – Enye; [Mere ihe]: Debeluchi Nyere ha ihe ha chọrọ. *Debeluchi granted their request.*

Grasshopper - Ukpala [Ukpana]: Chime nwutara ukpala na ọhia.

Chime caught a grasshopper in the bush.

Grateful – Nwe amara; [Nwe ekele; Ṅuria; Idi ọgọ]: Emeka nwe sọ amara. Emeka is grateful.

Great grandchild – Nwa nwanwa: Chimaechi bu nwa nwanwa Dumbili. *Chimaechi is the great grandchild of Dumbili.*

Greed – Anya ukwu; [Oke ọchichọ]: Chieloka abughi onye anya ukwu. *Chieloka is not a greedy person.*

Green – Akwukwọ ndu: Uwe Kenechi n'acha akwukwọ ndu. *Kenechi's clothes are green in color.*

Greet – Kele; [Nkele]: Biko, kelerem Ebere. *Please, greet Ebere for me.*

Grief – Mọ-ilu; [Iru-uju; Obi ngbu; Ihe nwute; Nkpasu iwe]: Kpere Lotanna ekpere, onwere mọ-ilu. *Pray for Lotanna he's in grief.*

Grievance – Okwu megide; [Okwu megbu; Ihe ita uta; Ihe mkpasu iwe]: Okwu megide ndi ọlu uzọ si na ndi isi ha. *The road workers grievance is caused by their leaders.*

Grind – Gwe: Kayinayọ gwe ose. *Kayinayọ grind the pepper.*

Grimace - Gbaru iru; [Mgbaru ihu]: Gini kpatara mgbaru iru? *Why are you at a grimace?*

Grip – Jide; [Jidesi ike]: Kamsiyọ jidere alaka osisi. *Kamsiyo had a grip on the tree branch.*

Groan – Sua ude; [Nkpu ime-obi]: Chineke na anu ma anyi sua ude. *God hears when we groan.*

Grow – Pue; [To; Uto; Eto]: Ọka Lotachi e pue la. *Lotachi's corn has grown.*

Guarantor – Onye-ala ebe; [Onye-aka ebe]: Obiọma bu onye-ala ebe Nkechi n'ulo ọlu ya. *Obioma is Nkechi's guarantor at her work place.*

Guard – Chebe; [Onye n'eche nche; Iche nche; Onye nche]: Chineke bu Onye Nchebem. *God is my Guard.*

Guess – Kọ ihe [iche ihe]: Nneka kọ ihe m na eme? *Nneka guess what I am doing?*

Guest - Onye ọbia: Nwakife, nwere onye ọbia. *Nwakife has a guest.*

Guidance – Nzube; [Ndum-ọdu]: Nnamdi nwere ndi nzube. *Nnamdi has guidance counselors.*

Guide – Nedu; [Duru; Duo; Idu]: Chi m nedum. *My God guides me.*

Guilt – Ikpe ọmuma; [Inwe nwute; Ikpe ima]: Ikpe mara ndi oshi. *The thieve are guilty.*

Guitar – Ụbọ: Enebechi mara akpọ ụbọ. *Enebechi knows how to play the* *guitar.*

Gulp – Eloda; [Nloda; Ono kpom]: Nnaemeka lodara miri di na iko. *Nnaemeka gulped down the water in the cup.*

Gum - Akpukpọ eze; [Igbiri eze; Igbili eze]: Mesomachi nwere akpukpọ eze oji. *Mesomachi has black gum.*

Gum disease – Imere kwum: Mutakọ sina imere kwum sina ataghi atu. *Mutako said that gum disease is as a result of not using chewing stick [i.e. brushing your teeth.]*

Gush: Gbawaputa; [Ekwo ekwo; Ekwo puta]: Isi miri di n'ala ayi nagbawaputa. *The spring in our town gushes.*

H

Habit – Neme; [Mara-aka]: Igu egwu a mara la Chidi aka. *Chidi has formed the habit of singing.*

Habitation – Ebe-obibi: Ala Ngwa bu ebe-obibi Enebechi. *Ngwa land is Enebechi's habitation.*

Haggle – Ikwe ihe ọnu: Ikechi mara ekwe ihe ọnu. *Ikechi knows how to haggle.*

Hail – Ekele: Madu nile Ekele ike di na Aha Jisọs. *All hail the power of Jesus Name.*

Hair –Ntutu: Ntutu Nkechi toro ogologo. *Nkechi's hair is long.*

Haircut – Ikpu isi: Golibe kpuru isi ya. *Golibe had a haircut.*

Hairdo - Ime isi: Ginikanwa meziri isi y ana ahia.

Ginikanwa got a hairdo in the market.

Half – Nkera; [Ọkara]: Biko, nyem nkera oroma *Please, give me half of the orange.*

Halfhearted – Obi-abua: Afam nwere obi-abua maka ise azu. *Afam is halfhearted about fishing.*

Hand – Aka (akuku ahu): Chetachi nyere ayi aka. *Chetachi gave us a helping hand.*

Handbag – Akpa-aka: Dike gotere nne ya akpa aka. *Dike bought a handbag for his mother.*

Handful – Nweju-aka; [Aka ojuju; Iju aka]: Umu Dumebi juruya aka. *Dumebi's children are a handful for her.*

Handshake – Nara-aka; [N'aka; Ikwe n'aka]: Chieloka kwere onye nkuzi m n'aka. *Chieloka gave my teacher a handshake.*

Handsome – Nwoke mara nma: Mazi Ọji bu nwoke mara nma. *Mr. Oji is a handsome man.*

Happen – Ihe dakwasi; [Ihe adakwasi; Ihe mere]: Ihe ọma dakwasiri ayi. *Good things happened to us.*

Happy – Onye ihe nagara nke ọma; [Obi ụtọ; Obi añuri]: Ugo bu onye ihe nagara nke-ọma. *Ugo is a happy person.*

Hard – Siri-ike: Nkume siri-ike. *Stone/rock is hard.*

Harbor [harbour] – Nso miri [Nkọ miri; Ọnu-miri]: Ụgbọ miri nọ na nso miri. *The ship is in the harbor.*

Hare/Rabbit – Oke bekee: Chidiebere, i na azu oke bekee? *Chidiebere, do you raise hare?*

Harm – Ime ihe ọjọ; [Meru aru; Melu ahu]: Chineke, adighi ime ndi nke Ya ihe ọjọ. *God does no harm to His people.*

Hat – Okpu: Chukwuka ji okpu achu anwu. *Chukwuka is using the hat to shade his face from the sun.*

Hatch – Bua; [Buworo]: Ọkuku buworo akwa ụnyaahu. *The hen has hatched its eggs yesterday.*

Hate – Akpọ asi: Akpọ kwa la madu asi na obi gi. *Do not hate anyone in your heart.*

Haul – Buputa; [Ibuni ihe; Dọgota; Ibu ihe]: Dozie, bia buputa ochie oche ndia. *Dozie, come and haul these old chairs.*

Have – Inwe: Ha nwere ulo ọ ma. *They have a fine house.*

Hawk [bird] – Egbe: Egbe buru nwa ọkuku. *Hawk carried a chick.*

Hawk [to sell] - Ire ahia mbughari: Dilichi adaghi-zi ere ahia mbughari. *Dilichi does not hawk again.*

Hay – Ahihia kpọnwuru akpọnwu: Chinasa gbọtara ahihia ndu, debe ya anwu, ọkpọnwọ ya oburu ahiha kpọnwuru akpọnwu. *Chinasa gathered some green leaves and the sun dried it and it turned to hay.*

Head – Isi: Ụburu ayi di n'isi ayi. *Our brain is inside our head.*

Headache – Ọria isi ọwuwa: Nneka nwere isi ọwuwa. *Nneka has a headache.*

Headscarf – Akwa-isi; [Akuisi; Ichafu-isi]: Akwa-isi Chieloka kere di-nma. *The headscarf Chieloka tied is good.*

Headmaster – Nwoke bu onye isi ulo akwukwọ: Mazi

Akweze bu onye isi ulo akwukwọ. *Mr. Akweze is the headmaster.*

Headmistress – Nwanyi bu onye isi ulo akwukwọ: Odoziaku Okeke bu onye isi ulo akwukwọ. *Mrs. Okeke is the headmistress.*

Heal – Aru di ike; [Igwọ ọria; Ọria ina; Aru idi nma]: Chineke na eme ka aru di ike. *God heals our body.* Aru ọ di la gi nma? *Are you healed?*

Health – Aru ike: Aru siri Mazi Nwaude ike. *Mr. Nwaude is healthy.*

Heap – Obo; [Ikpo]: Ndidi kpopu obo ahihia. *Ndidi, carry out this heap of grass/weed.*

Hear: - Nu; [Nuru]: Tochi nuru oku akpọrọ ya. *Tochi heard the call.*

Hearken – Ge-nti: Sochi na ege-nti. *Sochi hearkens.*

Heart – Obi: Binye nwere obi ọma. *Binye has a good heart.*

Heartache: Obi ngbu; [Obi ntigbu; Obi nwuta]: Biko, e nwena obi ngbu. *Please, do not have heartache.*

Heartbeat - Obi iti: Obi Olisa n'eti. *Olisa has a heartbeat.*

Heartbreak - Obi mgbọwa: Amuche enweghi obi mgbọwa. *Amuche did not have a heartbreak.*

Heat – Okpom-ọkụ: Okpom-ọku di n' Ọnicha. *There is heat in Onitsha.*

Heathen - Ndi ekwe ghi na Jisọs: Ndi Igbo enweghi ọtutu ndi ekwe ghi na Jisọs. *Igbos do not have a lot of heathens.*

Heaven – Elu-igwe: Obi di m utọ nmga aga Elu-igwe. *I am happy that I will go to Heaven.*

Heavy – Di Arọ: Nkume a di arọ. *This stone is heavy.*

Hedge – Ogige; [Mgbana]: Adikachi gbara ogige na be

ya. *Adikachi built/made a hedge around his house.*

Heel – Ikiri-ukwu; [Ikili ọkpa]: Agbọma tere uli n'ikiri ukwu ya. *Agboma painted henna on her heels.*

Height – Ogologo; [Elu; Enu]: Buchi na nwanne ya ha ogologo. *Buchi and her siblings are of the same height.*

Heir – Nwoke ga nweta ihe mọ anochi oche eze: Obi bu onye ga anochi oche eze ndi Orlu. *Obi is the heir to the throne of Orlu.*

Heiress - Nwanyi ga nweta ihe mọ anọchi oche eze: Nkeọma bu onye ga anọchi oche eze ndi Ịhiala. *Nkeoma is the heir to the throne of Ihiala.*

Helicopter – Ugbọ elu: Nwanne mama m na di ya nwere ugbọ elu. *My aunt and her husband own a helicopter.*

Hell - Ọku muọ: Igbalu njọ ọsọ dika igbalu ọku muọ ọsọ. *Avoiding sin is like avoiding hell.*

Help - Inye aka: Mọ Nsọ Chineke ga enyere m aka. *Holy Spirit of God will help me.*

Hen – Nneku-ọkuku; [Nnekwu-ọkuku]: Tobenna nwere nneku ọkuku zuru umu asa. *Tobenna owns a hen that hatched seven chicks.*

Herald – Gbasa ozi; [Nkwusa]: Lotanna n'agbasara ozi. *Lotanna heralds the news.*

Herd – Igwe ehi [anumanu]: Afuru m igwe ehi. *I saw a herd of cattle.*

Here – Ebe a: Azubike bia ebe a. *Azubuike come here.*

Hereditary – Ihe-nketa; [Ihe di n'agburu]: Isi ọgugu di n'agburu ha. *Brillance is hereditary in their bloodline.*

Heresy - Ikwu okwu ugha: Ihe ọna ekwu bu okwu ugha. *What he speaks heresy.*

Hero – Dike [Dike dinkpa]: Ọdumegwu Ojukwu bu dike n'ala Igbo. *Odumegwu Ojukwu is a mighty hero in Igboland.*

Heron – Apia [Udi Nnụnụ]: Apia juru na nsọ [ukọ] miri. *There are lots of herons by the shore of the river.*

Hesitant - Obi akaghi; [Igba nkiti]: Obi akaghi ya ibinye Mazi Okeke ego. *He was hesitant to lend Mr. Okeke some money.*

Hiccup - Etụketụ: Nye nwa miri ka etụketụ kwusi ikpọ ya. *Give the baby water to drink to stop the hiccup.*

Hide – Zo; [Nzonari; Nzuzo; Zobe]: Agude je zo achicha bekee. *Agude go and hide the buscuits/cookies.*

High [up] – Ihe di elu; [Ogologo]: Dilichi gbago elu. *Dilichi go upstairs.*

Highland - Elu ala [Enu ana]: Enugwu bu elu ala. *Enugu is a highland.*

Highway – Nukwu okporo; [Okpolo] uzọ]: Chikwado si na nukwu okporo uzọ we je Aba. *Chikwado took the highway to Aba.*

Hike – Iri ugwu: Uzọ riri ugwu nyaahu. *Uzo hiked yesterday.*

Hill – Ugwu: Echedum bi n'nsọ ugwu. *Echedum lives by the hill.*

Hip – Ukwu: Letachi bu dọkita ukwu. *Letachi is a hip surgeon.*

History – Akukọ ihe emere; [Akukọ ihe emere mgbe ochie]: I mara akukọ ihe mere mgbe ochie n'ala Igbo? *Do you know the history of the Igbo land?*

Hit – Tie; [Mapue; Mata; Iku; Kuọ]: Ọ fọrọ obele ihe ka osisi tie Tochi. *Just a little the tree would have hit Tochi.*

Hoard – Akpaọba; [Egbuchi; Ikpakọ ihe]: Mazi Ude nakpaọba ụkam maka ire ya mgbe ọga akọ n'ahia. *Mr. Ude is hoarding plantain with the intention of selling it during the scarcity in the market.*

Hoe - Ọgụ: Uwakwe ji ọgụ akọ ji. *Uwakwe is using the hoe to prepare the soil to plant yams.*

Hog [pig] – Ezi: Tochi n'azu ezi. *Tochi is raising pigs.*

Hold – Jide; [Ijide aka]: Ezebiro jidere aka Chukwu. *Ezebiro held the Hand of God.*

Hole – Olulu; [Oghere; Oṅuṅu]: Ọsa nwere olulu n'ebe a. *A Squirrel has a hole here.*

Holy – Nsọ: Izrel bu Ala Ndi Nsọ. *Israel is a Holy Land.*

Homage – Kpọ isi ala; [Ikwanye ugwu]: Ezidinma jere Jerusalem ije kpọ isi ala nye Chineke. *Ezidinma went to Jerusalem to pay homage to God.*

Home - Ulo [uno] ebe madu bi: Enwere m ulo. *I have a home.*

Honest – Ziri ezi; [Eziokwu]: Fechi bu onye ziri ezi. *Fechi is an honest person.*

Honor – Sọpuru; [Ugwu]: Dubem na'sọpuru nna na nne ya. *Dubem honors his father and mother.*

Hop [jump] – Gbalie elu; [Gbani enu]: Egondu gbalie elu udọ. *Egondu jump over the rope.*

Hope – Olile-anya: Enwere m olile-anya n'ihe ga adi nma n'ala ayi. *I have hope that things will be good in our land.*

Horse – Inyinya: Nọnso mara agba inyinya. *Nonso knows how to ride a horse.*

Hospital - Ulo [uno] ọgwu: Chinenye n'alu ọlu n'ulo ọgwu. *Chinenye works in a hospital.*

Host – [man] Onye nele kwa ọbia; [Nwoke kpọrọ oku]: Onye kpọrọ oku ta? *Who is the host today?*

Hostess – [woman] Onye nele kwa ọbia; [Nwanyi kpọrọ oku]: Uchechi bu onye nele kwa ọbia izu orie. *Uchechi is the hostess on the second market day.*

Hot – Ọku: Ụkam Chika siri di ọku. *The plantain Chika cooked is hot.*

Hour – Nkeji oge: Kita bu nkeji oge Ebere ji eje ọlu [ọru]. *This is the hour that Ebere goes to work.*

House - Ulo [uno]: Erima wuru ulo n'Aba. *Erima built a house in Aba.*

Housefly – Ijiji: Eziamaka churu ijiji n'ulo ha. *Eziamaka chased out the housefly from their house.*

How – Kedu: Fechukwu kedu ka idi? *Fechukwu how are you?*

Hug – Gbakua; [Makuọ; Ibi ọma]: Ekwutosi gbakuru nwa ya. *Ekwutosi hugged her child.*

Human – Madu: Ayi bu madu. *We are human.*

Humble – Obi ume-ala; [Weda onwe n'ala/ana/ani]: Ezindu bu onye ume-ala. *Ezindu is a humble person.*

Humility – Obi ume-ala [ana/ani]: Idi obi ume-ala bu ezi agwa. *Humility is good virtue.*

Humor – Ukọ ọchi: Ezeani bu onye ukọ ọchi. *Ezeani is a humorous person.*

Hundred – Nari: Akwukwọ di n'akpa bu otu nari. *The books in the bag are one hundred.*

Hungry – Agu; [agulu, Aguru]: Agu n'agu Beluchi. *Beluchi is hungry.*

Hurry – Ngwa; [Ngwa-ngwa; Ọsọ-ọsọ; Ọsisọ]: Sorochi bia ngwa. *Sorochi hurry and come.*

Hurt – Meru aru [ahu]: Ezinna emerughi aru. *Ezinna did not get hurt.*

Husband – Di: Di Zimụzọ bu ezigbo madu. *Zimuzo's husband is a good person.*

Hush – Nọdu du; [Gba-nkiti; Kpuchie ọnu; Mechie ọnu]: Ndi be ayi juru ego ị nọdu du [kpuchie ọnu]. *Our people refused hush money.*

Hyena: - Nkita ohia: Nkita ọhia n'aho aghughọ. *Hyena is cunning.*

Hygiene – Idi ọcha: Ulo ọgwu n'akuziri umuaka maka idi ọcha. *The hospital is teaching children hygiene.*

Hymn – Abu: Ziọra mara ọtutu abu. *Ziora knows a lot of hymns.*

I

Ibis – Apia: Apia bu nuṅu nwere ogologo ọnu. *Ibis is a bird with a long peak.*

Idea – Nmuma: Beluolisa maram nmuma ije ahia. *Beluolisa gave me the idea to go to the market.*

Identical – Otu udiri; [Yiri/Yili] Ha nile bu otu udiri. *They are all identical.* [Umu ejima yiri onwe ha. *The twins are identical.*]

Idiom - Okwu eji ekwu okwu: Ndi Igbo nwere ọtutu okwu eji ekwu okwu. *The Igbos have a lot of idioms.* [*Idiomatic expressions.*]

Idol – Arusi; [Alusi]: Arusi abughi ezi chi. *Idol is a false god. Idol is not the true God.*

Ignorance – Amaghi-ama; [Amaghi ihe]: Amaghi ihe ajọka. *Ignorance is bad.*

Ignore – Nefunari; [Zebela nti; Zonari; Nepu anya; Gba nkiti]: Tobenna nefunari ha anya. *Tobenna ignored them.*

Illegal – Ihe-njehie; [Ezighi-ezi, Da n' iwu]: Ibu bata manya ọkụ bu ihe-njehie n'ala ayi. *To bring in alcoholic drink is illegal in our country.*

Illiteracy - Agughi akwukwọ: Ndi ulo [uno] akwukwọ Kenenna n'akuziri ndi amaghi akwukwọ imuta akwukwọ. *Kenenna's school are teaching illiterates to learn how to read.*

Ill-mannered - Ikpa agwa ọjọ: Adim adighi akpa agwa ọjọ. *Adim is not ill-mannered.*

Illogical - Enweghi isi: Ihe okwuru enweyi isi. *What he said is illogical.*

Illustrate – Itu ihe; [Tunyere ihe; Ise ihe; I gosi ihe]: Uche ma atu ihe. *Uche knows how to illustrate.*

Image – Onyinyo: Bia ka ihu ka onyinyo a di n'aru aja. *Come and see the image on the wall.*

Imagination – Ncheputa; [Echiche]: Umu m nwere ezigbo ncheputa. *My children have good imagination.*

Imitate – Neṅomi; [Ime dika]: Umuaka neṅomi ihe ha huru. *Children imitate what they see.*

Immaculate – Agwaghi-agwa: Mariya, Nne Jeso bu onye Agwaghi-agwa. *Mary, Mother of Jesus is Immaculate.*

Immediate – Ozigbo; [Ozugbo]: Chineke mere ya ozigbo. *God did it immediately.*

Immortal – Nke anapughi imebi emebi; [Anwughi-anwu]: Chineke Bu Eze Nke Anapughi Imebi Emebi. *God is King Who is Immortal.*

Impartial – Adighi asọ anya; [Amatala iru madu n'ikpe]: Chineke adighi-asọ anya. *God is impartial.*

Impatient – Enweghi ndidi; [Iwe iwe ọsọsọ; Enweghi ntachi-obi]: Ndi ọdi ọsọsọ, enweghi ndidi. *Those who are in a hurry are impatient.*

Impeach - Wepu n'ọkwa: Agaghi ewepu onye isi ala ayi n'ọkwa. *Our president will not be impeached.*

Import - Ibu bata ihe si obodo ọzọ: Nne bu batara ugbọ ala. *Nne imported a car.*

Important – Oke-nkpa; [Oke uku; Ihe idi mkpa]: Ije uka di oke-mkpa. *Going to Church is important.*

Impose – Iri iwu: Ndi ọka iwu tiri iwu na onye bu batara ihe n'obodo ga akwu ugwọ. *The government imposed a tax on imported goods/items.*

Impossibile – Ihe napughi ime; [Ihe n'adighi ekwe omume]: Chineke na eme ihe madu napughi ime. *God does what is impossible for people to do.*

Impotent – Aru adighi ike; [Enweghi ike]: Nkita akpara eze enweghi ike ita. *A dog that its teeth has been pulled is impotent to bite.*

Improve – Idi nma; [Imezi ihe karia na mbu]: Ncha nkọta Uchechi ke ugba di nma karia nke mbu. *Uchechi has improved on her black soap than the first one.*

Impulsive – Ime ihe n'echeghi eche; [Obi ọku; Ikwu okwu ọsọsọ; Ikwu okwu ngwa]: Umuaka n'eme ihe ufọdu n'echeghi eche. *Children do things impulsively without thinking.*

Impure: - Adighi ọcha: Ọ naghi eche echiche adighi ọcha. *She does not entertain impure thoughts.*

In – Na; [Nime]: Na mbu Oby nọ na ulo. *In the beginning Oby was in the house.*

Inability - Enweghi ike: Onye nọ nime ulo [uno] enweghi ike igba ọsọ nime ulo [uno]. *Someone who is inside a house has the inability to run inside the house.*

Inaccessible - Enweghi ike nkpọbata; [Enweghi ike iba/iga]: Ndi ejighi akwukwọ enweghi nkpọbata n'ebe ana eti egwu. *The music hall is inaccessible to those without a ticket.*

Inaccurate - Ezughi oke; [Ezughi-ezu: Ihe ọ guru ezughi oke. *What she counted is inaccurate.*

Inactive – Da du; [Da ju; Adighi eme ihe]: Ọ dara du n'otu umu nwanyi. *She is inactive in the women's group.*

Inadvisable – Adighi anara ndu mọdu: Kosi adighi anara ndu mọdu enyere ya. *Kosi is inadvisable.*

Inaudible – Anughi olu; Anughi olu-ya ma ọ na ekwe ukwe. *He is inaudible when he sings.* [**Adighi ada ụda:** Egwu ha n'akpọ adighi ada ụda. *The music they are playing is inaudible.*]

Inaugurate - Ichi echi-chi: Ndi Nri ga echi Eze ha echi-chi. *Nri people are going to inaugurate their king.*

Incident - Ihe mere: Gini ka asi mere na uzọ? *What was the incident they said that happened on the road?*

Include - Tinye; Gunye: Etinyere Ojiakọ na ndi ga eje. *Ojiako is included to those that will go.*

Inconsiderate - Adighi eche maka ndi ọzọ: Ufodu ndi madu adighi eche maka ndi ọzọ. *Some people are inconsiderate.*

Increase – Muba; Mubanye; Iba uba; Bawanye: Ndi be ayi a muba la na ike amara Chineke. *Our people have increased by the grace of God.*

Incredible – Odiegwu: Odiegwu na ihe Chukwu mere ayi. *It is incredible what God did for us.*

Incubate: - Ikpu [ka akwa]: Ọkuku kpuru akwa ya. *The hen incubated her eggs.*

Incumbent - Onye nọ n'ọkwa: Odozi akụ Chinedu nọ n'ọkwa. *Mrs. Chinedu is in power/the governor/president.*

Incur – Iburu; [Ibute; Kpatara; Wetere]: Umu Uzọchi butere ugwọ site n'ihe ha goro. *Uzochi's children incurred some debt from what they bought.*

Incurable - Adighi ngwọta: Onweghi ọya Chineke adighi

agwọta. *There is no disease that is incurable with God.*

Indebted - Iji ugwọ: Kamsiyọ ji nne na nna ya ugwọ. *Kamsiyo is indebted to his parents.*

Indecent - Ihe ekwesighi ekwesi: Uwe iyi ekwesighi ekwesi. *What you are wearing is indecent.*

Indeed – N'ezi okwu: N'ezi okwu Lọtachi mara nma. *Lotachi is indeed beautiful.*

Independent - Nwere onwe: Umuaka ruo afọ iri n'asatọ ha enwere onwe ha. *When children get to eighteen years, they become independent.*

Indestructible – Enweghi-mebi: Eziokwu enweghi-mebi. *Truth is indestructible.*

Indigestion - Afọ okuko: Ukwa korom afọ. *I have indigestion from breadfruit porridge.*

Indigo – Uli ododo: Ọfuma were uli ododo we te n'akwa. *Ofuma spread indigo on her cloth.*

Individual - Onye: Tobe bu onye fere aka. *Tobe is the individual that waved.*

Indivisible – Adighi-nkewa: Umunna ayi adighi nkewa. *Our kindred are indivisible.*

Indoor – Nime ulo: Nne nọ nime ulo. *Mother is indoors.*

Indomitable – Adighi-meri meri: Adighi-meri meri ndi Ranjas. *The Rangers are indomitable.*

Industrialist – Onye n'eme puta ọtutu ihe: Uduekwesi n'eme puta ọtutu ihe. *Uduekwesi is an industrialist.*

Inedible – Anagaghi-eri eri; [Adighi-eri eri]: Ero nke anagaghi-eri eri ya. *This* *mushroom is inedible.*

Inefficient - Amaghi ọlu: Nwankwo amaghi ọlu. *Nwankwo is inefficient at work.*

Inept - Adighi ike ọru; Enweghi ike ọru: Okoroigwe, adighi ike ọru. *Okoroigwe is inept.*

Inexpensive – Adighi oke ọnu-ahia; [Ọdaghi-ọnu]: Uwe Chika adighi ọnu-ahia. *Chika's clothes are not expensive.*

Infamous – Aha iru aru; [Amaghi ama]: Aha ya ruru aru n'obodo ha. *He is infamous in their town.*

Infant – Nwatakiri; [Nwata amuru ọhuru; Nwa naṅu ara]: Aha nwatakiri a bu Osita. *This infant's name is Osita.*

Infection - Ọya m bute; [Ibu ta ọya; Ibu te ọya; Ibu nye ọya]: Ifezọ butere ọya n'ulo ọlu ya. *Ifezo got infection from his work place.*

Infest – Igbasa: Uchicha agbasara n' ikpo ahiha. *The trash dump is infested with cockroaches.*

Infirmary - Ebe ndi ọya n'anọ: Ulo akwukwọ nwere ebe ndi ọya n'anọ. *The school has an infirmary.*

Inflammation – Nruru-ọku; [Etito, Otuto]: Chuka nwere nruru-ọku n'anya ya. *Chuka has an inflammation in his eyes.*

Inflate - Ahia nda-go: Oge Ebere Jonathan ichiri Nijiria enwe ghi ahia nda-go. *When Ebere Jonathan ruled Nigeria there was no inflation.*

Influence – Inwe agba: Onwere agba n'ulo ọlu ya. *He*

has influence at his work place.

Inform – Igwa; [Igba ama]: Chukwuka gbara ndi nkuzi ihe n'eme nu. *Chukwuka informed the teachers what is happening.*

Infrequent – Adighi eme mgbe nile: Ijeoma, adighi echu miri mgbe nile. *Ijeoma goes to the stream infrequent.*

Infringe – Ikpa fe oke: O kpara fere oke ala ya. *He/she infringed on another's land.*

Ingenious – Omuma ihe-izuzu: Nnamno, nwere omuma ihe-izuzu. *Nnamno, is ingenious.*

Ingratitude – Onodu enyeghi ekele: Anaghi m acho i mere ya ihe n'ihi n'onaghi enye ekele. *I don't like doing things for her because of her ingratitude.*

Ingredient – Ngwa nri [ngwani]: Amarachi je weputa ngwa nri eji esi ofe. *Amarachi, go and bring out the ingredients for soup.*

Inhabit – Ebi: Umu anu ohia n'ebi n'ohia. *Wild animals inhabit the forest.*

Inhale - Ikulu ihe: Uzo, ise anwuru ebe a, umuaka ga ekuru ya. *Uzo, if you smoke cigarette here, the children will inhale it.*

Inherit – Ihe-nketa: Umu nwanyi nwere ihe-nketa n'ala nna ha. *Women have an inheritance in their father's house.*

Inheritance *(Same as inherit)*

Iniquity – Ajo omume; [Ihe ojo; Njo]: Ajo omume jefukwa n'ala Igbo. *Let there be no iniquity in Igboland.*

Initial – Mbu; [Na mbido; Isi mbido]: Na mbu, nne na nna na asuru umu ha asusu Igbo. *Initially, parents speak Igbo language to their children.*

Initiation – Ndubata; [Ikpobata; Nna bata]: Ndi

Umunachi, kpọ dubatara umuaka toputara n'ogbo ndi o kenye. *Umunachi initiated the youth into the adult forum.*

Injection – Ntutu: Chinyere bu nọsụ n'agba ogwu ntutu. *Chinyere is a nurse that dispenses injection.*

Injure - Imeru aru [ahu]: Chineye, meruru aru. *Chineye injured herself.*

Injustice – Mkpa-gbu; [Mkpa-wu; Ajọ omume; Ikpe nabughi ikpe]: Mkpa-gbu adighi nma. *Injustice is not good.*

Ink – Uli: Chukwunọso, je gota uli. *Chukwunoso, go and buy ink.*

In-law – Ọgọ: Mazi Obibuogu bu ezigbo ọgọ. *Mr. Obibuogu is a very good in-law.*

Inner – Nime ime: Ulọma, nọ nime ime mkpuru. *Uloma is in the inner room.*

Innocent: - Ikpe amaghi; [Onye nemeghi ihe ọjọ; Onye ikpe namaghi; Aka di ọcha; Ikpe]: Ikpe amaghi Ujunwa. *Ujunwa, is innocent.*

Innumerable – N'adighi ọnu-ọgugu; [Agutaghi ọnu]: Ngozi nke Chineke n'adighi ọnu-ọgugu. *God's blessings are innumerable.*

Inquire - Juọ ase, [Iju ajuju]: Ebube je juọ ase maka ulo akwukwọ. *Ebube, go and inquire about the school.*

Insane – Wi ara; [Onye-ara; Isi adighi nma]: Onye n'anu igbo na wi ara. *A person who smokes marijuana is insane.*

Insatiable - Afọ adighi eju eju; [Enweghi ojuju afọ]: Ndi oke ọchụchọ, afọ adighi eju ha. *Greedy people are insatiable.*

Inseparable – Adighi nkewa; [Enweghi nkewa]: Umu ejima bé Obi enweghi nkewa. *The Obi's twins are inseparable.*

Insert – Tinye: Uzoamaka tinyere onyinyo nime akwukwo. *Uzomaka inserted a picture inside the book.*

Inside: - Nime: Okwuoma no nime ulo: *Okwuoma is inside the house.*

Insight – Ezi uche; [Omuma-ihe uku; Nwere nghota; Amam-ihe]: Ogundu nwere ezi uche na ukwe. *Ogundu has an insight in worship songs.*

Insignificance – Ihe nta; Onye nta; [Ihe enweghi isi]: Onweghi ihe Chukwu kere bu ihe nta. *There is nothing God created that is insignificant.*

Insincere - Eziokwu adighi n'onu; [Enweghi eziokwu]: Delaila eziokwu adighi n'onu. *Delilah is insincere.*

Insipid - Adighi uto: Ji akpu nka adighi uto. *This African salad is insipid.*

Insolence – Oke iwe nke ire; [Akwa nyeghi ugwu]: Umu aka azughi azu, nwere oke iwe ire. *Untrained children are insolence.* [Adighi akwa nyere ndi okenye ugwu. *Do not respect adults.*]

Insoluble - Q adighi ede miri: Nkume adighi ede miri. *Stone is insoluble.*

Insomnia – Ura gwu n'anya; [Ura adighi atu; Ura atu ghi]: Ita oke oji mere ura gwum n'anya. *Eating kola-nuts made me have insomnia.*

Inspect – Lé ihe; [Ilé oru]: Onye isi ulo akwukwo ga bia ilé olu ndi nkuzi. *The head of the school will come to inspect the teachers.*

Install – Tinye ihe: Aga e tinye Chinedu n'ọkwa onye isi umu akwukwọ n'ubọchi adighi anya. *Chinedu will be installed as the school prefect very soon.*

Instance – Ma-ọbu; [Nime nka]: Ma-ọbu nka ka ma Chikere na emere Njideka, ma oge nile. *In this instance that I know that Chikere has always done good for Njideka.*

Instantly – Mberede; [Ozugbo ozugbo; Kita kita]: Chukwu merem ya namberede. *God did it for me instantly.*

Instead – Kama; [N'ọnọdu]: Kama nri cha ma dachie ụzọ, kam ghara iri chacha. *Instead of me to eat and fall by the wayside, let me not eat at all.*

Instigate – Kwanye ime ihe adighi nma: Ihe onye isi ha kwuru kwanyere ufodu madu ka ha kwuo ihe adighi nma. *What their leader said instigated some people to say what is not good.*

Institute - Ebe ana amu ihe ọmụmụ: Nnanna nwere ebe ana amu ihe ọmụmụ isi nri. *Nnanna has a catering institute.*

Instruct – Kuzi ihe; Gwa; Zi: Chinwe ma akuzi ihe. *Chinwe can instruct.*

Instructor - Onye nkuzi; [Onye ozizi]: Anezi bu onye nkuzi. *Anezi is an instructor.*

Instrument - Ngwa ọru; [Ihe ọru]: Ebube nwere ezigbo ngwa ọru. *Ebube has good instrument for is work.*

Insubordinate - Asọpurughi; [Ekweghi idi n'okpuru iwu; Iru pu isi]: Ọdighi nma ka umu aka jine asọpurughi nne n anna ha. *It is not good for children to be insubordinate to their parents.*

Insufficient – Erughi; [Ezughi; Ezughi ezu]: Ego Adaeze weputara erughi iji we gote ulo. *The money Adaeze brought out is insufficient to buy a house.*

Insult – Mkpari; [Ekwutọ]: Umu Ogechukwu adighi akpari ndi madu. *Children from Ogechukwu do not insult people.*

Integrity – N'izu-oke obi: Ka n'izu-oke obi cheziem. *Let intergrity preserve/keep me.* [**Iji Eziokwu; Onye eziokwu**]: Adaugo bu onye ezi okwu. *Adaugo is a person of integrity.*]

Intellect – Uche: Chinemere, nwere uche. *Chinemere has intellect.*

Intelligence – Amam-ihe: Chukwu na enye amam-ihe. *God gives intelligence.*

Intend [to plan] – Chọ ime ihe; [Gaje ime; Kwado ihe]: Udochi chọ igo ugbọ ala. *Udochi intends to buy a car.*

Interact - Ime kọ ihe: Chibuzo na ndi ọgọ ya na emekọri. *Chibuzo and his in-laws interact.*

Intercede – Riọ aririọ: Riọrọm Chineke aririọ. *Intercede for me before God.* [**Ikpere madu ekpere; Itinye ọnu n'okwu**]: Ugo n'ekpere ndi madu ekpere. *Ugo prays for people.*]

Intercept - Kwusi ihe: Ekpere n' akwusi ihe ọjọ. *Prayer intercepts evil.*

Interior: Nime ihe: Nime ulo uka ha amara nma. *The interior of their Church is beautiful.*

International – Mba ofesi: Obu ndi mba ofesi n'eme ihe a. *It's an international company that manufactures this.*

Interrelate – Nme-kọlita: Ọdi nma ka obodo n'obodo

n'emekọlita. *It is good for countries to interrelate.*

Interpret – Kọwa; [Nkọwa]: Ogechi ma akọwa okwu bekee. *Ogechi knows how to interpret English language.*

Interrogate – Juta nke ọma; [Chọputa isi okwu; Juọ ajuju ichọputa ihe]: Ndi uwe oji na ajuta nke ọma, ichọputa ihe mere nu. *The police are doing some interrogation to find out what happened.*

Interrupt – Ikwubido; [Nagha okwu]: Biko gwa ndi madu ka ha kwusi ikwubido okwu na nzukọ. *Please, tell the people to stop interrupting the meeting.*

Interval – Oge n'ime oge; [Oge gasiri] Ndi Umuahia nwere oge na ime oge na nzukọ. *The Umuahia people had an interval in their meeting.*

Intervene – Kpazi okwu; [Banyelu okwu/uka]: Onye isi ulo ọru Chigọzie kpaziri ha okwu. *The head of Chigozie's company intervened in the issue.*

Interview - Igba ajuju: Mazi Udoye na Nwunye {Odoziaku} ya gbara onye odibo ha ajuju. *Mr. and Mrs. Udoye interviewed their helper.*

Interweave - Kpa kọnye ihe: Nini kpa kọnyere isi ya na owu edo. *Nini interwove her hair with yellow thread.*

Intestine - Mgbiri afọ; [Mgbili afọ; Eriri afọ; Ngili afọ]: Mazi Oko ji mgbiri afọ ehi were me ngwọngwọ. *Mr. Oko used the cow intestine to make meat delicacy.*

Intimidate – Ime ka'tua egwu; [Tinye ujọ]: Ndi ọjọ na achọ ime ka Ude tua ujọ. *Evil people want to intimidate Ude.*

Intoxicate – Ihe iba n'anya: Manya bara Udensi n'anya. *Udensi is intoxicated with wine.*

Intrepid – Ụjọ atughi: Ụjọ atughi Agbọma. *Agbọma is intrepid.*

Intrigue – Ire-utọ; [Aghughọ]: Sochi bu sọ ire-utọ juru ya ọnu. *Sochi is full of intrigue.*

Introduce – Kọwa; [Webata; Nkọwa]: Biko kọwa onye ibu. *Please introduce yourself.*

Invade – Bakuru; [Bakwasi; Bata n'ike; Bata Nime]: Onweghi ndi nwere ike ibakuru obodo ayi n'ike ọzọ. *Nobody can invade our land again.*

Invaluable – Enwe-ghi ọnu-ahia: Ụtọ ezi na ulo enwe ghi ọnu ahia. *The love within the family is invaluable.*

Invent – Me puta ihe: Akachi meputara ihe di iche iche. *Akachi invented a lot of things.*

Inventory - Ọnu-ọgugu-ahia; [Igu ngwa ahia ọnu; Igu ihe ọnu]: Ndi ahia Chiso geputara ngwa ahia ha ọnu. *Chiso's store clerks have written the inventory of the items in the store.*

Invest – Nye ihe; [Izu ahia iri ta uru; Tinye ego n'ihe ka owere muta ego]: Onyeso tinyere ego na akwukwọ obodo. *Onyeso invested in the country's newspaper.*

Investigate - Chọputa ihe; [Ju'ase]: Nike jere ichọputa ihe mere nu. *Nike went to investigate what happened.*

Invisible - Anya nahughi; [Adighi ahụ anya; Ihe anaghi ahu anya]: Chineke anya nahughi. *God is Invisible.*

Invite - Kpọ oku: Ginika kpọrọ ayi oku nri. *Ginika invited us to eat.*

Invoke - Kpọ kụ: Nne kpọkuru Chineke ka onyere ya aka. *Nne invoked God to help her.*

Involve - Soro; [Nwekọrọ; Kponye; Tinye]: Chike soro were gbasa Oziọma. *Chike was involved in evagelism. Or Chike was involved in spreading the Good News.*

Inward – Nime: Le anya nime. *Look inwards.*

Iron – Igwe: Kele nwere uzọ igwe na be ya. *Kele has an iron gate in his house.*

Irony – Ihe mgba gwo juru anya: Ka osi rue ebe ahu bu ihe mgba gwo juru anya. *How he got there remains an irony.*

Irreconcilable - Enweghi ndokwa: Ndi nke Chineke n'ekwensu enweghi ndokwa. *Christians and the devil are irreconcilable.*

Irredeemable - Enweghi nzọputa: [Enweghi Mgbaputa]: Ekwensu enweghi nzọputa. *The devil is irredeemable.*

Irrefutable [unquestionable] - Enweghi ajuju: Na enweghi ajuju, Chineke nwe ike nile. *It is irrefutable that God is Omnipotent.*

Irrelevance - Enweghi isi; [Abaghi uru]: Ego ayọrọ abaghi uru ugbua. *Cowries are irrelevant now as a form of monetary exchange.*

Irreplaceable - Enweghi ndochi/nọchi: Nne m enweghi nọchi. *My mother is irreplaceable.*

Irreproachable: Apughi ima ikpe. [Enweghi ata muta]. Job siri na aka ya di ọcha, obi ya adighi ama ya ikpe. *Job said he is innocent his conscience is irreproachable.*

Irresistible - Enweghi nsọnwu: Nri osiri enweghi nsọnwu. *The food she cooked is irresistible.*

Irreversible – Enweghi meghachi: Ihe ha mere enweghi meghachi. *What they did is irreversible.*

Irrevocable – Ncheghari adighi: Ihe Eze Jisọs ayi kwuru ncheghari adighi ya. *The Word of our King Jesus is irrevocable.*

Irrigate - Gba ihe akọrọ akọ miri: Ndi Izrel ma ka esi agba miri n'ubi. *The Israelis know how to irrigate a farm.*

Irritate - Mgbakasi aru; [Ihe esọ oyi]: Ije ebe oké anwu di n'agbakasi aru. *To go where it is sunny and hot irritates.*

Island – Ala miri gbara gburugburu; [Ana mili gbara okili-kili]: Ha nwere ọtutu ala miri gbara gburugburu n'obodo ha. *They have a lot of islands in their country.*

Isolate – Mechibido nime ulo; [Nọ pu iche; Do we iche; Wepu n'akuku; Nọ sọ na nini-gi]: Chikwendu si n'odighi nma inọ pu iche. *Chikwendu said it is not good to stay in isolation.*

Issue – Okwu: Umu akwukwọ na ndi nkuzi enweghi okwu. *The students and the teachers do not have an issue.*

Itch - ọkụ: Okeke n'ako ọkọ n'azu ya. *Okeke is scratching an itch on his back.*

Item - Ihe [ife]: Adaeze ma ihe ọ na achọ n'ọba akwukwọ. *Adaeze knows the item she is looking for in the library.*

Ivory - Ọdu; [Opi enyi]: Ndi obodo Kenya nwere ọdu nke uku. *Kenyans have a lot of ivory.*

J

Jackal – Nkita ọhia/ọfia: Mazi Okeke gburu nkita ohia oge ọgara ichụ nta. *Mr. Okeke killed a Jackal when he went hunting.*

Janitor – Onye n'elekọta ulo: Mazi Nkwo bu onye n'elekọta ulo ụka. *Mr. Nkwo is the Church janitor.*

Jaw – Agba: Osinachi nwere agba ọma. *Osinachi has a*

nice jaw.

Saviour.

Jealous – Ekworo: Ekworo ajọka. *Jealousy is bad.*

Jeer – Ikwa emu; [Itụ uzu]: Akwasola madu emu. *Do not jeer at people.*

Jeopardize – Megide; [Ibibi; Igba mgba okpụrụ]: Ndi umunna ya megidere ya n'ọbughi eze. *His kinsmen jeopardized his kingship ambition.*

Jest - Ikpa Ọchi nke-uku; [Kpa ọchi; Atọ utọ imegide]: Ugochi n'akpa ọchi nke-uku. *Ugochi is a jester.*

Jesus – Jisọs: Jisọs bu Onye Nzọputa ayi. *Jesus is our*

Jesus Christ – Jisọs Kraist: Jisọs Kraist bu Ọkpara Chineke. *Jesus is the Son of God.*

Jog - Gba ọsọ nwayọ nwayọ: Igba ọsọ nwayọ nwayọ n'eme aru isi iké. *Jogging makes you healthy.*

Join – Solu; [Banye; Sonye; Jikọta; Tiye]: Chiso banyere ndi-agha. *Chiso joined the army.*

Joint – Njikọ; [Ebe emere njikọ]: Nne-gi ochie, [Mama nukwu] n'enwe ihe mgbu na njikọ ukwu ya. *Grandma has some pains on her leg joint.*

Joke – Ihe n'akpa uka ọchi: Nosochi n'ekwu ihe n'akpa

ukọ ọchi. *Nosochi makes funny jokes.*

Journey - Ijé: Nnenna je ije ọma. *May Nnenna have a safe journey.*

Joy – Aṅuri; [Ọnụ]: Chukwu Okike bu aṅurim. *God the Creator is my joy.*

Judge – Ọka ikpé: Chetachi bu onye ọka ikpe. *Chetachi is a judge.*

July – Ọnwa asa n'arọ [afọ]: Amuru Okosisi n'ọnwa asa n'arọ. *Okosisi was born in July.*

Jubilation – Iti-nkpu-ọṅu; [Oke ọṅu]: Uzọma itiri-nkpu-ọṅu na be ya. *Uzoma had jubilation in their house.*

Juice – Miri mkpụrụ osisi; [Umi ihe]: Biko, je gotere m miri mkpuru oroma. *Please, go and buy orange juice for me.*

Jumble – Nkwasa: Mkpuru Obiajuru mere nkwasa. *Obiajuru's room is in jumble.*

Jump – Tuda; [Wuni'elu]: Ọ tudara onye ya na la na elu n'obi aṅuri. *He jumped for joy.*

June – Ọnwa nké isi n'arọ: Amuru Oby n'ọnwa nké isi n'arọ. *Oby was born in the month of June.*

Jungle – Oke ọhia [Ọfia]: E nwezighi oke ọhia n'obodo ayi. *We do not have a jungle in our land.*

Junior – Umu okorobia; [Onye atọrọ ato, Onye nọ n'okpuru]: Tobé bu onye atọrọ n'be nna ya. *Tobe is junior in their family.*

Junk – Abaghi-uru; [Enweghi isi]: Ihe ha kpọsara n'ahia enweghi isi. *What they displayed in the market is junk.*

Jury –Ndi ṅuru iyi ika ikpe: Nneka so na ndi ṅuru iyi ika ikpe. *Nneka is among the jury.*

Justice – Ezi ikpé: Chineke bu Chineke ezi ikpé. *God is a God of justice.*

Justification – Ikpe amaghi: Jisọs Kraist nwuru ka ikpe ghara ima ayi. *Jesus Christ died for our justification.*

Juvenile – Umuaka; [Umunta]: Ndi Enugwu nwere ọba akwukwọ umuaka. *Enugu people have a juvenile library.*

K

Kaolin – Nzu: Oge gbo-gbo nwanyi di ime n'alacha nzu. *Long time ago, pregnant women lick kaolin.*

Keep – Debe; [Dobe; Dowe]: Nedu debere akwukwọ ya ọfuma. *Nedu kept his books well.*

Keeper – Onye n'edebe ihe: Chukwuka bu onye n'edebe akwukwọ ahia. *Chukwuka is the store keeper.*

Key – Nkpisi-ugodi; [Igodo]: Chinasa ji nkpisi-ugodi ulo. *Chinasa has the key to the house.*

Kick – Gba; [Igba]: Emeka gba gara Ifeanyi bọl. *Emeka kicked the ball to Ifeanyi.*

Kick off – Gbapu; [Ibido]: Enugwu Rénjas ga ebido igbapu bọl echi. *Enugu Rangers will start the football kick off tomorrow.*

Kidnap – Nezu madu n'ori; [Itọlu madu; Ntọ madu]: Biko n'echedo umuaka ọfuma, ka ndi nezu madu n'ori aghara izu ha. *Please, watch over the children well so they are not kidnapped.*

Kill – Egbu; Gbuo: Egburu ụchucha na irọ. *Cockroach was killed outside.*

Kind – [virture] Ebere; [Obiọma]: Odighi ihe di ka obi ebere. *There is nothing like being kind hearted.*

Kind – [species] Iche iche: Noa chikọtara anu manu di iche iche tinye na oke ugbọ-miri. *Noah gathered different kinds of animals into the ark.*

Kindergarten – Ọta akara; [Ulo/uno akwukwọ umuaka]: Chidima nọ n'ọta akara. *Chidima is in kindergarten.*

Kindle - Nmuye ọku; [Mu ọku; Mnye ọku]: Nnamdi je nmuye ọku. *Nnamdi go and kindle fire.*

Kindness – Ebere; [Afọ ọma; Obi ebele; Ime ọgọ]: Nwafọ n'émé ebere. *Nwafor does random acts of kindness.*

Kindred – Umu-nna: Ọdi nma ka umu-nna n'emekọlita. *It is good for kindreds to relate with each other.*

King – Eze: Jisọs Kraist bu Eze ndi eze. *Jesus Christ is the King of kings.*

Kingdom – Ala eze; [Obodo eze]: Ala eze Elu-igwe. *Kingdom of Heaven.*

Kingfisher - Ọkwọli: O gbutere azu ọkwọli. *He caught the kingfisher.*

Kinsman – Ndi umu-nna: Nna Kamsiyo bu ndi umu-nna ayi. *Kamsiyo's father is our kinsman.*

Kiss – Suo Ọnu; [Sutu Ọnu; Nsusu Ọnu]: Nne na nna Nkechinyere suru ọnu. *Nkechinyere's parents kissed.*

Kitchen – Isekwu; [Ebe ana esi nri]: Mama nukwu nọ na isekwu. *Grandma is in the kitchen.*

Kitten – Nwamba: Nnadozie kedu afa nwamba gi? *Nnadozie what is your kitten's name?*

Knee – Ikpere; [Ikpele]: Nchekwube meluru aru n'ikpere. *Nchekwube has a wound on her knee.*

Kneel - Igbụ Ikpele; Sekpuru ala: Ayi kwesiri isekpuru Chukwu ala. *We should kneel down in reverence to God.*

Knew/Know – Ama; Ima: Amawom na Menwa biara. *I do know that Menwa came.*

Knife – Mma: Nkemjika nyere Ralu mma iji be azu. *Nkemjika gave Ralu knife to cut the fish.*

Knit: Ikpa ihe: Nkọlika n'akpa akwa nchu oyi. *Nkolika is knitting a sweater.*

Knock – Aku aka; [Kuanu; Kuaka n'ụzọ]: Ndidi, biko, je mara onye n'aku aka n'ụzọ. *Ndidi, please, go and see who is knocking.*

L

Label – Aha nji mara ihe: Tinye aha nji mara gi n'akwa ina akwa. *Put label in the clothes you make.*

Labour - Ọlu[1]; Ime[2]: Chineke biko nyerem aka iru ọlu a[1]. *Lord, please help me do this work[1].* Ime n'eme ya[2]. *She is in labour[2].*

Labourer - Onye ọlu: Tochi bu onye ọlu. *Tochi is a labourer.*

Lack – Kọrọ; [Enweghi; Adighi]: Ọdighi ihe kọrọ Mazi Dike. *Mr. Dike lacks nothing.*

Lad - Nwata nwoke: Dozie bu nwata nwoke. *Dozie is a lad.*

Ladder – Obube; [Obe]: Lotanna were obube. *Lotanna, take the ladder.*

Ladle – Eku: Kene gotere nne ya eku. *Kene bought a ladle for his mother.*

Lady - Nwanyi: Lotachi bu ezigbo nwanyi. *Lotachi is a good lady.*

Lake - Miri n'adighi erupu-erupu [ehupu-ehupu]: Ugwuta nwere miri a'adighi erupu-erupu. *Oguta has a lake.*

Lamb - Nwa aturu [atulu]: Jisus Kraist bu Nwa Aturu nke na ekpochapuru njọ nke uwa. *Jesus Christ is the Lamb of God that takes away the sins of the world.*

Lament – Mkpu akwa; [Abu akwa; Ibe akwa alili; Ikwa akwa]: Ralu tiri mkpu akwa. *Ralu let out a cry of lament.*

Lamp - Ọwa; [Uli ọku beke]: Ikechi zutara ọwa. *Ikechi bought a lamp.*

Land – Ala; [Ana/Ani]: Ala Igbo amaka. *Igbo land is beautiful.*

Landing - Ida n'ala; [Ana/ani; Igbada ala; Ifetu n'ala]: Ugbọ elu Jachukwuma, ga ada n'ala mgbe eteghi anya. *Jachukwuma's plane will be landing soon.*

Landlord - Onye nwe ulo; [Uno]: Nwafọ bu onye nwe ulo. *Nwafor is the landlord.*

Landmark – Oke-ala; [Ihe eji ama ala/ana/ani]: Nukwu osisi aki beke ka eji mara be Ifunanya. *The big coconut tree is used as a landmark for Ifunanya's house.*

Language – Asusu: Asusu Igbo di utọ n' ọnu na nti. *Igbo language is sweet to the tongue and ears.*

Lap [body] – Mpata; [Apata]: Dumbili ku nwa na mpata ya. *Dumbili is carrying the baby on her lap.*

Lap [how a dog drinks water] - Inu miri: Nkita (nkuta) ji ire ya anu miri. *A dog uses its tongue to lap water.*

Large – Nuku; [Uku; Nukwu]: Ulo akwukwọ Chinasa nwere nuku ubi. *Chinasa's school has a large farm.*

Lash [whip] – Utari; [Apipia]: Chika achọghi ka apia ya utari. *Chika does not want to be lashed.*

Last – Ikpe azu, [Ihe gara'ga; Ọdi n'azu]: Ọgọnna bu onye ikpe azu na bé ha. *Ogonna is the last in the family.*

Laugh - Ọchi: Ezelagbọ na eme ihe ikpa ọchi. *Ezelagbo makes people laugh.*

Launch – Nupu; [Ibu pụta]: Umu nwanyi n'ebuputa egwu ha taata. *The women are launching their music today.*

Laundry - Isụ akwa: Echika nwere igwe eji asụ akwa. *Echika has washing machine.*

Lavatory [toilet] – Ogwe: Efure tinyere ogwe na ahia nkwọ. *Efure built a lavatory at Nkwo (Fourth market day) market.*

Law - Iwu: Ekwutọsi adaghi iwu. *Ekwutosi did not break the law.*

Law-abiding - Ido be iwu: Ọla n'edobe iwu. *Ola is law abiding.*

Lawbreaker – Onye njehie n'iwu; [Ida iwu]: Ndi ori na njehie n'iwu. *Thieves are lawbreakers.*

Lawgiver – Onye nenye iwu: Chineke Bu Onye Nenye ayi iwu: *God is our Lawgiver*

Lawmaker - Onye eti-iwu: Fechi na eti-iwu. *Fechi is a lawmaker.*

Lawyer - Onye iwu; [Onye ọka okwu]: Sochi bu onye iwu. [Onye n'edo kwa iwu]. *Sochi is a lawyer.*

Lay – Tinye; [Debe na ala/ana/ani]: Nonye debe ji na ala. *Nonye lay the yam on the ground.*

Lazy – Ume-ngwu; [Ngana; Adighi-alu ọlu]: Ume-ngwu ajọ ka. *To be lazy is bad. [Laziness is bad].*

Lead - Idu; Ibute uzọ: Kwesi bia ka iburu uzọ. *Kwesi come lead.*

Leaf - Akwukwọ osisi; [Mbuba osisi]: Akwukwọ osisi n' acha akwukwọ ndu. *A leaf is green.*

League - Ndi otu: Enugwu Renjas nọ n'otụ nke ha. *Enugu Rangers are in the league of their own.*

Leak: - Ihi; Ehi-ehi: Ite miri na ehi-ehi. *The clay water pot is leaking.*

Lean -Gba bede; [Gba debe]: Gba bede na Chukwu. *Lean on God.*

Leap – Mali elu; [Imafe; Mani enu]: Ọka maliri elu n'obi utọ. *He is leaping for joy.*

Learn - Mmụta; [Imuta ihe]: Enyinnaya muru ka esi efe ugbọ elu. *Enyinnaya learnt how to fly a plane.*

Leave [Past tense, left] – Rapu; [Ipụ; Hapu; Ezumike; Puta: Ezindu rapuru ulo je wé ọlu. *Ezindu left the house and went to work.*

Left - Aka ekpe: Erulu na eme aka ekpe. *Erulu is left-handed.*

Leg – Ukwụ; [Ọkpa]: Ukwu Sochi di nma. *Sochi's legs are good.*

Legacy - Ezigbo afa/aha: Uduekwsi hara ezigbo aha. *Uduekwesi left a good legacy.*

Legal – Na iwu/N'iwu: Ihe omere ziri ezi n'iwu. *What he did is legal.*

Legalize - Itinye n'iwu: N'afọ 2016, étinyere n' iwu n'umu nwanyi ga ekete ala na be nna ha. *In 2016, it was legalized for women to inherit land in their father's family land.*

Legend - Onye ama ama: Ọdumegwu Ojukwu bu onye ama ama n'ala Igbo. *Odumegwu Ojukwu is a legend in Igbo land.*

Legion - Igwe (Ndi agha, madu, Muọ ozi; Ọtutu): Chineke nyere ayi igwe ndi mọ ozi ichedo ayi. *God gave legion of angels to guard us.*

Length – Ogologo; [Mpala]: Ogologo ubi Mazi Oti di ogologo nke uku. *The length of Mr. Oti's farm is very long.*

Leopard – Agu: Somtochi nwere akpukpọ agu. *Somtochi owns a leopard's skin.*

Let - Kwere: Ndi nkuzi kwere umu aka ka ha je rie ihe. *The teachers let the children to go and eat.*

Letter - Akwukwọ edere ede: Onye isi obodo degara umu akwukwọ, akwukwọ. *The president wrote a letter to the school children.*

Level [ground] - Ntọ-ala: Be Chinyere di na ntọ-ala na ulo ha. *Chinyere lives on the ground level in their building.*

Level [grade/position] - Ọkwa: Ọkwa ya gbagotere n'ulo ọlu ya. *His level is high at his workplace.*

Levy – Utu: Kelechi sina Eze Arọ kere utu na obodo.

Kelechi said that the king of Aro levied everyone.

Liar – Onye-ugha; [Onye-n'atụ-asi; Onye-asi]: Ekwensu bụ onye-ugha. *The devil is a liar.*

Liberate – Naputa [Naputa onwe-gi; Naputa-madu; Nwere onwe-gi; Nwelu onwe]: Onye zuwọrọ madu ahia arọ asa, onye aghu ga nwere onwe ya bido ahia nke ya. *When someone serves/apprentices after seven years the person is liberated to start-up his or her own business.*

Librarian - Onye n'enedo ọba akwukwọ: Tobechukwu bu onye n'enedo ọba akwukwọ. *Tobechukwu is a librarian.*

Library - Ọba akwukwọ: Obiajulu nwere ọba akwukwọ. *Obiajulu owns a library.*

Lice - Igwu: Echeta enweghi igwu n'isi ya. *Echeta does not have lice on her hair.*

License - Akwukwọ ikike: Ugonwa nwere akwukwọ ikike eji aru ulo akwukwọ. *Ugonwa has a license to build a school.*

Lick - Lacha/racha: Tochi rachara ite ofe. *Tochi licked the soup pot.*

Lie – Okwu ugha; [Okwu asi; Itụ asi]: Ọdighi nma itụ asi. *It is not good to lie.*

Life – Ndu: Ndu bu isi. *Life is a priority.*

Lifestyle - Etu esi ebi ndu: Ndi nke Kraist kwesiri ibi ndu kwesiri ekwesi. *Christians should live exemplary lifestyle.*

Lift - Buli elu; [Bunie enu]: Lotachi nwere ike ibuli oche elu. *Lotachi can lift the chair up.*

Light [electric] – Ihe ọku: Ala Igbo nile nwere ihe ọku. *There is electricity light in all of Igbo land.*

Light [weight] - Ihe adighi arọ [aru]: Ugbele ọkuku adighi arọ. *The feather of a chicken is light.*

Lightening - Amuma miri/mili: Amuma miri gburu osisi ahu. *Lightening killed that tree.*

Like – Dika; [Ihe masi; Ọdidi]: Ifechi na Izuchi amasiri onwe ha. *Ifechi and Izuchi like each other.*

Limit – Oke; [Ife oke; Mgbochi]: Ife ọjọ na eru n'oke. *Evil has a limit.*

Line – Akara; [Akala; Usoro, Ụdo/Eriri]: Ejim uli akwukwọ-ndu were kaa akala. *I used a green chalk to draw the line.*

Link – Njikọ: Gini jikọrọ udene onye n'akpu isi? *What is the link between a vulture and the barber?*

Lion – Ọdum: Ọdum bu eze na ọhia. *Lion is the king of the jungle.*

Lip – Egbugbere-ọnu; [Egbugbele-ọnu]: Nkechi eteghi uli ọnu na egbugbere ọnu ya. *Nkechi did not apply lipstick on her lips.*

Lipstick - Uli ọnu: Biko weterem uli ọnu uhie. *Please, bring me the red lip stick.*

Liquid – Ihe di miri miri: Akamu omere di miri miri. *The pap she prepared is watery like a liquid.*

Liquor – Manya ọku: Papa umuaka a n'ere manya ọku. *This children's dad sells liquor.*

List - De puta ihe n'usoro: Ode putara ihe ndi ọchọrọ igote n'ahia n'usoro. *She wrote a list of things she wants to buy in the market.*

Litter -Itụ sasi ihe: Itụ sasi ahihia [afifa] n'emebi obodo. *To litter trash spoils a city.*

Little – Natakiri; [Obele]: Eze natakiri Obele Eze. *Little king.*

Little finger – Natakiri mkpisi aka: Adiuche, natakiri mkpisi aka gi amaka. *Adiuche, your little finger is fine.*

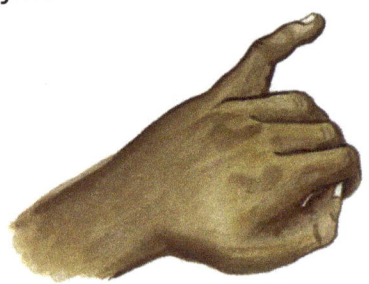

Live – [Habitat] Ebi [Biri; Ibi]: Azu n'ebi na miri. *Fishes live in the water.*

Live – [Life] Ndu: Ndu bu isi. *Life is first or prority.* [See Life]

Liver – Imeju; Umeji: Imeju anu n' enye ọbara [ọbala]. *Liver is nutritious.*

Living room – Ogbuti: Ogechi nọ na ogbuti. *Ogechi is in the living room.*

Lizard – Ngwere; [Ngwele]: Ngwere n' ata ukpala [ukpana]. *Lizard eats grasshopper.*

Load – Ibu: Ị bu ibu di aru. *You're carrying a heavy load.*

Loan - Nbinye; [Binye]: Nbinyere Ekwutọsi ego. *I loaned Ekwutosi money.*

Lobster – Oboro: Ndi mba miri nwere oboro ọtutu. *The people in the riverine area have lots of lobster.*

Locate – Chọta: Je chọta ebe ayi ga egote ala [ani; ala]. *Go and locate where we can buy land.*

Location - Ebe Ihe di, [Ebe anọ]: Umuahia bu ebe anọ. *Umuahia is the location.*

Lock – Mkpọchi; [Kpachie; Mechibido]: Chukwudi mechie ahia, kpọchie ụzọ. *Chukwudi when you are done selling, lock the door.*

Locksmith – Onye uzu nkpisi-ugodi; [Nucha nkpisi-ugodi; Onye n'akpu uzu; Onye na'akpu Igodo]: Mazi Fechukwu bu onye uzu nkpisi-ugodi. *Mr. Fechukwu* *is a locksmith.*

Locust – Igurube [Ibolibo/iboribo]: Igwe igurube batara na ala Ijipt. *Multitiude of locust entered the land of Egypt.*

Log - Ọlọkọ-ọku; [Osisi egburu egburu/egbuturu egbutu]: Osisi egbuturu egbutu ka eji ruọ ulo nka. *Log was used to build this house.*

Logic - Iche; [Itughari uche]: Ulo akwukwọ ọbula kwesiri ikuzi itughari uche. *All schools should teach logic.*

Loiter - Nkwughari; [Kwugharia]: Onye enweghi aka ọlu n'akwughari. *Someone who does not have work is bound to loiter.*

Lonely – Enweghi onye nmekọ; [Nani ya nọ; Nọ sọsọ gi]: Eme enweghi onye nmekọ, sọ nani ya nọ na ulo. *Eme is lonely at home, he is alone at home.*

Lone Ranger - Ọkpa nani-ya [naya]: Ebubena bu ọkpa nani-ya. *Ebubena is a lone ranger.*

Long – Ogologo [ogonogo]: Osimiri Nija di ogologo. *River Niger is long.*

Longing – Agu gusiri ike; [Ịchọka]: Agu gusirim ike inọ na iru Chineke oge nile. *I am longing to be in the Presence of God always.*

Look – Le [ne] anya: Ọnuọha le anya ebe ina eje. *Onuoha look where you are going.*

Look - down: Iletu anya: Umu aka azughi azu na eletu madu anya. *Children who are not trained look down on people.*

Lookout – Lepu [nepu] anya: Achiko biko, n'elepu anya ndi azu ma ha bata obodo. *Achiko please be on the lookout for the fish sellers when they come to town.*

Lose/Lost - Itufu ihe [ife]: Umu nwoke tufuru akwukwo enyere ha. *The boys lost the book they were given.*

Loosen – Topu; [Meghe; Ikegha]: Meghe pu ngwugwu. *Loosen the package.*

Loot – Ihe napunara; [Izu ihe/ife]: Ejidere ndi ohi zuru ego n'oba ego. *The thieves that looted the bank were caught.*

Lord – Onye Nwe Ayi; [Onye-Nwe; Di Nwe Nu Ayi]: Jisus Kraist bu Onye Nwe ayi. *Jesus Christ is our Lord.*

Lot – Oke: Oke nkem n'ala. *My lot in the land/my inheritance in the land.*

Lotion – Manu aru; [Ude]: Uche tere manu aru, na ahu ya. *Uche applied a lotion on his body.*

Loud – Oke Olu; [Ikwusi ike]: O na ekwe ukwe n'oke olu. *She is singing out a in a loud voice.*

Love – Ihu-n'anya [Ifu-nanya]: Ihu-n'anya amaka. *Love is beautiful.*

Lovely – Ihe oma; [Omaka]: Agbam akwukwo Ugonwa amaka. *Ugonwa's wedding was lovely.*

Low – Ihe di ala; [ana/ani]: Okputuru isi ya ala. *He barbed his hair low.*

Loyalty – Kwu-doru; [Ikwunyere]: Ude kwu-doro oga ya oge o bula. *Ude is always loyal to his master.*

Lug - Ibu ihe [Ibu alu]: Okechukwu kara aru we buo ibu ahu. *Okechukwu tried in lugging the load.*

Luggage – Igbe akwa; [Ibu akpati/Igbe uwe]: Kanayo bu batara igbe akwa ya tata.

Kanayo brought in his luggage today.

Lullaby - Ukwe eji alagu nwa: "Onye tiri nwa n'ebe akwa" bu egwu ndi mgbe gbo-gbo ji aragu nwa. *"Who beat the crying child" was a lullaby in the olden days.*

Lumber: Osisi eji alu ihe [Ulo na oche, ma ogige): Mazi Emelugo n'ere osisi eji alu ulo n'oche. *Mr. Emelugo sells lumber.*

Lunar - Ihe gbasara ọnwa: Ndi Igbo nwere kalenda n'ọnwa. *Igbo people have lunar calendar.*

Lunatic - Isi adighi nma; [Onye isi adighi nma/adirọma; Isi mgbaka]: Jisọs nyere onye ọbula kwere Na Ya ike igwo onye isi adighi nma. *Jesus gave those who believe in Him the power to cure the lunatic.*

Lunch - Nri Ehihe; [Efifie; Ukoli]: Erima n'Ijeọma n'eri nri ehihie. *Erima and Ijeoma are eating lunch.*

Lung – Ngugu: Ngugu ya adighi egosi zi. *His lung is no longer showing.*

Lure - Lapụta: Akpiri n'alapụta ndi madu. *Greed lures people into evil.*

M

Machete – Mma; [Ogbu adani]: Mazi Ezedilima na akpu mma, ọ na akpụ ụzụ. *Mr. Ezedilima welds machete, he is a blacksmith.*

Machine – Igwe: Enwerem igwe eji adu akwa. *I have a sewing machine.*

Mad – Ara; [Ala; Isi ezughi oke]: Dọkita anụ-manu na

agwọ nkit ara. *Veterinary doctor can treat a mad dog.*

Madam/Mrs. – Nwunye madu; [Oriaku/Odoziaku]: Ijeọma bu nwunye Ejimole. *Ijeoma is Mrs. Ejimole.*

Made - Me; [Kpua; Meputa]: E mere akpa a n'Aba. *This bag is made in Aba.*

Maggot – Ikpuru; [Ọti]: Ikpuru di na azu a. *There is maggot in the fish.*

Maid - Oru Nwanyi n'eje ozi na ulo; [Nwanyi na enye aka na ulo]: Ezinachi neje ozi n'obi Eze. *Ezinachi is a maid in the king's palace.*

Maiden – Oru Nwanyi; [Nwa-agbọghọ; Agbọghọbia; Nwata nwanyi]: Ezelagbo bu oru nwanyi. *Ezelagbo is a maiden.*

Mail – Akwukwọ edere ede; [Leta]: Kamsiyọ zitere akwukwọ edere ede. *Kamsiyo sent a mail.*

Main – Isi okwu; [Isi ihe]. Isi okwu bu ikwu eziokwu. *The main thing is to speak the truth.*

Maintain – Idokwa: Ndi gọment na edokwa uzọ. *The government maintains the road.*

Maize [corn] – Ọka [Akpakpa]: Udofia rere ubi ọka ya. *Udofia sold his corn farm.*

Male – Nwoke: Soluchi mutara umu nwoke anọ. *Soluchi have four male children.*

Malfunction - Adighi alụ ọlu ọfuma; [Ọ naghi alụ ọlu]: Igwe akwụ adighi arụ ọlu ọfma. *The oil mill has malfunctioned.*

Malice – Ọnuma; [Ibu iwe; Iwe obi]: Tochi adighi ebu ọnuma. *Tochi do not hold malice.*

Malnutrition – Ọria erighi ezigbo nri; [Ọria agụ]: Umuaka n'aya ọria erighi ezigbo nri n'oge agha. *The children suffer from malnutrition during the war.*

Maltreat - Mejọ; [Megbu]: Gini kpatara ufọdu ndi nwere ego ji emjọ ndi enweghi ego? *Why is it that some rich people maltreat poor people?*

Mammal - Anụ ọhia na enye nwa ha miri ara: Efi bu anụ ọhia. *Cow is a mammal.*

Man – Nwoke: Echedum bu nwoke. *Echedum is a man.*

Mankind – Madu: Chukwu kere madu. *God created mankind.*

Manager - Onyesi ọlu [ọru]: Onye bu onye isi ọru? *Who is your manager at work?*

Management - Ile kọta ihe: Ejike nọ na isi di na echedo ọlu. *Ejike among the management.*

Mandate - Idi na iwu; [Iti iwu]: Ezindu tiri iwu na umu akwukwọ ga na eyi uwe akwukwọ. *Ezindu mandated that the student should wear school uniform.*

Manifestation –[Puta ihe; [Nkpughe; Ihe igba]: Ihe nile ekere eke neche mpụta ihe nke umu-ndikom Chineke. *All creation is waiting for the manifestation of the sons of God.*

Manifold - Ọtutu okpukpu; [Ọtutu ihe di ichi iche]: Ọtutu okpukpu amam-ihe Chineke. *The manifold wisdom of God.*

Man-made: Ihe madu mere [melu]: Ọku beke bu madu mere ya. *Electric is man-made.*

Manner – Agwa: Amaka na akpa agwa ọma. *Amaka has good manners.*

Mansion - Nukwu ulo [ulo]: Ndi be Ejimole rulu nukwu ulo. *The Ejimole family built a mansion.*

Mantle: Uwe-nwuda: Elaija wu-sara Elaisha uwe-nwuda ya. *Elijah threw down his mantle to Elisha.*

Manufacture: Ime-ihe [Ime-ife]. Aba na Nnewi bu obodo enwere ọtutu ebe ana ime-ihe aka. *Aba and Nnewi have a lot of places where things are manufactured.*

Manure - Nsi anu ọhia eji akọ ubi [ugbo]: Nsi anu ọhia eji akọ ubi n' eme nri. *Manure helps crops/food plants to grow very well.*

Many – Ọtutu; [Igwe]: Enwere ọtutu madu ndi kwere na Jisos Kraist. *There are many people who believe in Jesus Christ.*

March [month] - Ọnwa nke atọ na arọ [afọ/ahọ]: Amuru Nwafọ na ọnwa nke atọ na arọ. *Nwafor was born in March.*

March [walk] – Ga ije n'usoro: Ndi uwe oji n'aga ije n'usoro oge ana aku egwu. *The police officers were marching when the music was playing.*

Mark – Akara [akala]: Na gbo-gbo ndi Nri nwere akara na ihu. *Long time ago, the Nri people have marks on their face.*

Marked –Akara maka irudo ama. [Akala maka ihudo ama]: Amuche tere akpati akwa ya uli ọcha iji irudo ya ama. *Amuche marked his luggage with white paint to identify it.*

Mask - Isi mọnwu: Ihe eji amara mọnwu bu isi ya. *A masquerade is identified by its mask.*

Mason - Onye n' akpu aja urọ eji aru ulo [uno]:

Adikachi bu onye n'akpu aja ulo. *Adikachi is a mason.*

Mass [Church] - Uka: Fada Okoro dobere Uka. *Fr. Okoro said the Mass.*

Masses [group of people] – Igwe madu: Igwe madu nọ na Ala Igbo. *There masses of people in Igbo land.*

Master - Onye isi: Kedu onye bu onye isi gi? *Who is your master?*

Mat –Ute: Akunna mara akpa ute. *Akunna knows how to weave a mat.*

Match – Yiri; [Dabanye]: Akwa Adaobi yi yiri nke Ihekerenma ana eme. *Adaobi's dress matches Ihekernma's.*

May - Ọnwa nke ise na arọ [afọ; ahọ]: Amuru Awele n'ọnwa nke ise na arọ. *Awele was born in the month of May.*

Maybe – Eleghi anya; [Ike kwe]: Eleghi anya Ajuruchi ma. *Maybe Ajuruchi knows.*

Maze - Ife mgbagwo ju anya: Īha, dika ihe mgbagwo ju anya. *This looks like a maze to me.*

Meal – Nri [nni]: Bia rie nri abali. *Come and eat dinner.*

Measles – Arubala: Arubala nwere ọgwugwọ. *Measles has a cure.*

Meat - Anụ: Anazodo adighi ata anụ. *Anazodo does not eat meat.*

Medicine - Ọgwụ: Beluolisa aṅu wo ọgwu. *Beluolisa has taken the medicine.*

Meek – Obi ume ala; [Ume ala; Nwayọ; n'obi]: Ebere nwere obi ume ala. *Ebere is meek.*

Meet – Izute [Nzute; Izukọ; Nzukọ]: Tobenna jere izute nwunye ya. *Tobenna went to meet his wife.*

Meeting – Nzukọ: Ndi Adazi n'enwe nzukọ. *The Adazi people have a meeting.*

Melon – Egwusi: Amuche sina ofe egwusi n'agu ya. *Amuche said she is craving to eat melon soup.*

Melt – Mgbaze: Anwu gbazere manu nri. *The sun did melt the palm oil.*

Member – Ihe out; [Onye otu]: Amarachi bu onye otu ndi n'abu abu. *Amarachi is a member of the choir.*

Memorize - Ibu n' isi: Onye nkuzi ayi si ayi buo aha ndi isi obodo na isi. *Our teacher told us to memorize the names of the leaders of our country.*

Memory – Ncheta; [Ibu ihe n'isi]: Nwokeọcha na ncheta ihe ọfuma. *Nwokeocha has a good memory.*

Mend – Ndozi: Adimọra dozie rem uwe. *Adimora mend the dress for me.*

Mental - Ihe gbasara uche: Afaọma ma eme ihe mgbakọ isi. *Afaoma knows how to do mental math.*

Mention – Ehota; [Ihota; Ikwu ihe; Ikwute okwu]: Bosa kwutere okwu ala ayi di n'Aba. *Bosa mentioned about our land in Aba.*

Meow - Akwa nwamba: Ina unu akwa nwamba? *Can you hear the cat meowing?*

Merciful - Obi ebere [ebele]: Chukwu di obi ebere nke ukwu! *God is very merciful!*

Merit – Ihe ruru onye: Ugbọ ala ayi gotere Ukọchukwu ayi ruru ya. *Our priest merits the car we bought for him.*

Merry – Aṅuri; [Ihe ọṅuṅu]: Beluchi nwere obi aṅuri. *Beluchi has a merry heart.*

136

Mess – [Food or Place where food is served] Nri: Ndi agha na eri nri. *The army are eating at the mess.*

Mess [Scatter/Untidy/Confusion] Nkwasa: Onye ti nyere ndi a'na ihe nkwasa? *Who put this people in this mess?*

Message –Ozi: Nnadichie zitere ozi. *Nnadichie sent a message.*

Metal [rod] – Igwe: Nnaemeka nwere ebe ana akpu igwe. *Nnaemeka has a rods/metal smelting company.*

Method - Etụ esi eme ihe [ife]: Nkiru ma etụ esi eme nkuzi umu ntakiri. *Nkeiru knows the method to use to teach young children.*

Mettle [courage]-Obi isi-ike; [Obi-ike]: Uduekwesi nwere obi siri-ike. *Uduekwesi has a heart of courage.*

Mid/middle – Etiti: Nnadi bina etiti obodo. *Nnadi lives in the middle of town.*

Midget - Akakpọ; [Nwa-akaghi]: Ayi enwe kwa ghi akakpọ n'obodo. *We do not have a midget in town.*

Midnight - Etiti abali [Abani]: Udochukwu binitere na etiti abali were to Chineke. *Udochukwu got up in the middle of the night to praise God.*

Midwife- Ndinyom nele ime; [Onye na aghọ nwa; Onye na enye aka na imu-nwa]: Uchechi so na ndinyom nele ime. *Uchechi is among the midwives at the hospital.*

Might – Ike: Chukwu nwe ike nile. *God has all the power. All power belongs to God.*

Mildew – Ebu: Nneka, tufuo azu nka ọmara ebu. *Nneka, throw away the fish it has mildew.*

Milk – Miri ara; [Mili ara]: Miri ara ehi na di nma n'ahu.

Cow milk is good for the body.

Milk teeth - Eze mbu: Ngozi enworo eze mbu ya. *Ngozi has lost her milk teeth.*

Million –Nde; [Nnu kwulu nnu]: Ha pụtara na nnu kwulu nnu ikwado Mazi Okeke. *They came out in millions to support Mr. Okeke.*

Mill - Igwe akwu; [Akpakpa mọ Ọka]: Mazi Okoroafọ nwere igwe akwu. *Mr. Okoroafor has a palm oil mill.*

Mimic [imitate] – Njije: Nwa Adaobi na ejije ya. *Adaobi's child mimics' her.*

Mind – Uche; [Nkpuru-Obi]: Sọ Chukwu ma ihe di madu na uche. *Only God know's what in people's mind.*

Mine – Nkem: Zelenjọ bu onye nkem. *Zelenjo is minekind of person.*

Minor – Nwata [Nwobele]: Zimakọ ka bu nwata. *Zimako is still a minor.*

Minus/take away – Wepu: Ziọra biko wepu oroma atọ. *Ziora please minus/take away three oranges.*

Minute – Nwa mgbe; [Akara aka ubọchi; Nwa mkpilikpi oge]: Ọ fọrọ nwa mgbe abụa ọburu elekere asa. *It is two minutes to seven o'clock.*

Miracle - Ọlụ ọma Chineke: Ihe nka bu ọlụ ọma Chineke. *This is the miracle of God.*

Mire – Apiti: Apiti akari na ebe a. *There are lots of mire here.*

Mirror – Enyo; [Nyo; Ugegbe]: Ekwi na enyo onwe ya n'enyo. *Ekwi is looking at* *herself in the mirror.*

Mischief - Agwa ojo: Lotanna adighi akpa agwa ojo. *Lotanna does not get into mischief.*

Miser – Nwa-mkpi; Onye-mkpi: Obum bu onye mkpi. *Obum is a miser.*

Misery - Onodu ojo [Afufu; Aghughu]: Onodu ojo adighi nma. *Misery is not good.*

Misguided – Ejehie; [Ndufu]: Tobi adighi eso ndi nejehie. *Tobi do not follow misguided people.*

Mishap – Ihe Mebi; [Ihe ntipu; Mkpa-mkpa]: O dighi ihe mebi na obodo ha. *There was a mishap in their town.*

Misjudge – Ekpete-ghi ikpe: Onye oka ikpe ekpe teghi ikpe ka okwesi iri idi. *The judge misjudged the case.*

Misjudge - Ichehie

Misplace: Ido be ihe ebe o ekwesighi idi; [Ido fu ihe]: Tobechukwu do furu akwukwo ya. *Tobechukwu misplaced his book.*

Mispronounce - Amaghi akpota okwu: Ufo Ndi abughi Ndi Igbo amaghi akpo okwu Igbo. *Some people who are not Igbos mispronounce Igbo names.*

Mission – Ije Igbasa Ozioma: Pol jere otutu ije igbasa Ozioma. *Paul went to a lot of missions.*

Missionary - Ndi n'agbasa Ozioma Jisos Kraist: Bishop Shanahan so na ndi gbasara Ozioma Jisos Kraist na ala Igbo. *Bishop Shanahan was among the missionaries that came to spread the gospel of Jesus Christ in Igbo land.*

Mistake – Amaghi-ama; [Amaghi-me; Emeteghi-ihe; Emetarọ-ife]: Ọ maghi guọ ego. *She made mistake while counting the money.*

Mistreat – Megbu; Mewu: Ziọra adighi e megbu ndi ọlu ya. *Ziora do not mistreat her workers.*

Mistrust – Ekweghi na ihe; [Enweghi ntukwasi obi; Enweghi okwukwe; Atukwasighi obi]: Ndi ọlu ya ekweghi na ihe okwuru. *His/her co-workers mistrust him.*

Misunderstanding – Nghọtafe; [Aghọtaghi]: Tochi na Chido nwere nghọtafe okwu. *Tochi and Chido have misunderstanding.*

Misuse – Mefu; [Nefu]: Eme n'emefusi ego nwanne nwoke. *Eme is misusing his brother's money.*

Mix - Agwakọta; [Ngwakọta; Ngwaghari]: Nkemdiri ga agwakọta ọka na azama. *Nkemdiri will mix the corn and brown beans.*

Moan – Asu ude; [Ịsu ude]: Ọ na asu ude. *He/she is moaning.*

Mock – Ikwa emu; [Chia madu ọchi; Ime madu akaje]: Ọdighi nma ikwa madu emu. *It is not good to mock people.*

Model – Ihe-atu; [Onye/Ihe a na ele-anya]: Kachi bu ihe-atu ebe umu ya nọ. *Kachi is a role model to his children.*

Modern: Ọhuru; [Ndi ọhu; Agbọ ọhu]: Umuaka agbọ ọhuru di iche. *Children of this modern time are different.*

Mother – Nne; [Mama]: Nnem bu ezi nne. *My mother is a good mother.*

Money – Ego: Ego juru ebe nile. *Money is everywhere.*

Monitor - Tinye anya; [Nchekwa]: Ka ayi na e tinye anya n'ebe ayi n'ere ihe. *Let us monitor our store.*

Monkey - Enwe: Enwe adighi n' obodo ayi. *We do not have monkey in our town*.

Monopoly: Kpọtara ahia; [Ikpalukọta ahia/afia]: Ọdighi onye kpakọtara ahia cementi. *Nobody has the monopoly of the cement market.*

Month - Ọnwa: Ayi nọ n'ọnwa asa. *We are in the seventh month.*

Moonshine - Ọnwa na eti: Umu aka na egwu-egwu ma ọnwa na eti. *Children play when there is moonshine.*

Mop - Akwa eji eghicha ala [ificha] ulo/uno]: Maduabuchi wete akwa eji eghicha ala ulo. *Maduabuchi bring the mop.*

More – Karia; [Kariri; Iti nye kwuo]: Tinyere Ikechi nri kari a. *Put more food for Ikechi.*

Morning – Ututu: Ututu ta amaka. *This morning is beautiful.*

Mortal – Madu: Madu na anwu anwu. *Mortals die.*

Mother-in-law – Nne di; mọ Nne nwunye: Nnedi ya bu ezigbo madu. *Her mother-law is a good person.*

Motor – Ugbọ ala [Ugbọ ana]: Jideọfọ nwere ọtutu ugbọ ala. *Jideofo have a lot of cars.*

Mount – [Climb] - Iligo: Kanayọ ri goro na elu inyinya. *Kanayo mounted the horse.*

Mountain/Mount – Ugwu: Bia ka ayi ria ugwu. *Come let's climb the mountain.*

Mourn – Iru uju [ikwa uju]: Ndi Igbo ruru uju ọnwu Odumegwu Ojukwu. *The Igbo's mourned the death of Odumegwu Ojukwu.*

Mouse/mice – Oke: Nwa mba bu ọgwu oke na ulo. *Cat is the cure for mouse in the house.*

Mouth – Ọnu: Amaechi, mechie ọnu gi. *Amaechi, close your mouth.*

Move – Gabiga; [Ebuli Je; Nọghari; Iweghari ihe; Bugharia ihe]: Biko ayi gabiga ije. *Please we will begin to move in our journey.*

Much – Nke-uku; [Kari; Ọtutu]: Enwere madu nke-uku na ebe a. *There much people here.*

Mud – Apiti; [Ụlọ]: Ndi Igbo na eji apiti aru [alu] ulo ngbe-gbo. *Igbos in the olden days use mud to build house.*

Multiply – Muba; [Ba-uba]: Umu azu na miri uba. *The fishes in the stream have multiplied*

Mum – Nne; [Mama]: Nnem bu ezi nne. *My mum is a good mother.*

Murky – Miri azọtọrọ azọtọ; [Mili gbalulu-agbalu]: Miri ngele nka azọtọrọ azọtọ. *The water in this creek is murky.*

Music [play] – Egwu-otiti; [Iti Egwu]: Eji iti-egwu otiti we mara Eze Devid. *King David is known for playing music.*

Music [song] - Ukwe: Ukwe bu asụsụ obi. *Music is the language of the soul [Mr. Nwauba].*

Muster – Jite ike; [Chi kwa]: Somtochi jitere ike we kwaputa ugbọ ala. *Somtochi mustered strength and pushed out the car.*

Mute – Onye-ogbi; [Mechi ọnu; Onye-ogbu; Kuchi ọnu; Adighi asaghe ọnu]: Jisọs Kraist gwọrọ ndi-ogbi. *He Jesus Christ healed the mute.*

Mutual: Kwekọlita; [Nwekọlita; N'out]: Di na nwunye nwere kwekọlita ifunanya. *The husband and wife have mutual love.*

Muzzle - IKechi ọnu: Chineke gwara ndi Izrel ha ekechila ọnu ehi mgbe ọ nazọcha ọka. *God told the Israelites not to muzzle the ox that is threshing the corn.*

Myself - Onwem: Enweghi m onwem, Chineke nwem. *I do not own myself; God owns me.*

Mystery - Ihe-omimi: Ọmumu Jisọs Kraist bu ihe-omimi. *The Birth of Jesus Christ is a mystery.*

N

Nag - Ikpun'ọnu; Ikwụ Ekwulekwụ: Nwunye Anazodo n'akpu ya n'ọnu oge nile. *Anazodo's wife nags him all the time.*

Nail [metal] - Ntụ: Dike n'akpu ṅtu. *Dike manufactures nails.*

Nail [finger nail] - Mbọ: Sọrọchi n'ebe mbọ ya. *Sọrọchi is cutting her nails.*

Naked - Gba ọtọ: Madu n'agba ọtọ a puta uwa. *A person comes into the world naked.*

Name – Aha [Afa]: Kedu aha gi? *What is your name?*

Nap – Ura ehihe; [Ula efife; Ula ukoli]: Achọrọ m eraghu ura ehihe. *I want to take a nap.*

Narrow – Nkpa ku nkpa; [Kpa kwa nkpa; Warara]: Ụzọ eligwe di nkpa ku nkpa. *The road to Heaven is narrow.*

Native – Ala gi; [Obodo onye]: Ala Odumegwu Ojukwu bu Nnewi. *Odumegwu Ojukwu is a native of Nnewi.*

Nativity - Ala amuru onye: Amuru Jisọs Kraist na ala Bethlehem. *Jesus Christ was born in Bethlehem.*

Nausea - Obi ndide: Ofe juru oyi n'edide m obi. *Cold soup makes me nausea.*

Navigate – Iga njem; [Ije ụgbọ miri ga njem]: Pọl ji ụgbọ miri we ga njem di iche iche n'ala Esia. *Paul used ship to navigate different places in Asia.*

Near – Nso: Chukwu nọ nso. *God is near.*

Neat – Idi ọcha: Kenenna n'adi ọcha. *Kenenna is neat.*

Necessary - Ọ di mkpa: Isu asụsụ Igbo di mkpa. *To speak Igbo language is necessary.*

Neck – Olu; [Onu]: Ajuruchi nwere olu ogologo. *Ajuruchi has a long neck.*

Necklace - Ọla olu; [Iyagba-olu; Ife onu; Ihe onu]: Buchi nyere Nkiru ọla olu. *Buchi gave Nkiru a necklace.*

Need – Nkpa: Chukwu n'egborom nkpam nile. *God provides all my need.*

Needle – Agiga; [Aga; Ntutu]: Amuche ji agiga n'owu akwazi uwe ya. *Amuche is using a needle and thread to mend her dress.*

Neglect – Elefula anya; [Leghara; Nefu anya; Nefega anya; Igbakuta azu]: Ọdighi nma elefula anya ihe di mkpa anya. *It is not good to neglect necessary/important things.*

Neighbor – Onye-agbata-obi: Ndi agbata-obi-ayi bu ndi ezigbo madu. *Our neighbors are good people.*

Nephew – Nwa nwanne bu nwoke: Amaechi bu nwa nwanne Nkechi. *Amaechi is Nkechi's nephew.*

Nest - Akwu nnunu: Nduru nwere akwa n'akwu ya. *The dove has eggs in her a nest.*

Net – Ụgbụ; [Ihe eji egbu azu]: Ụgbụ Okereke ugbutere azu. *Okereke's net caught some fish.*

Never – Agaghi; [Enwe nataghi ike; Enwe kataghi; Enwe katana]: Ndi ọjọ agaghi merie ndi ezigbo madu. *Never will evil people defeat good people.*

New - Ọhuu [Ọfuu]: Ndi Uzoakọli n'eri ji ọhuu. *Uzoakoli people are eating new yam.*

Newborn – Nwa amuru ọhuu: Chinyere muru nwa ọhuu ụnnyahu. *Chinyere had a new born baby yesterday.*

Newcomer - Onye biara ọhuu/ọhuru: Onye isi obodo biara ọhuu. *The President is a newcomer.*

Newlywed - Di na nwanyi gbara akwukwọ ọhuu: Beluolisa n' Ajụrụchi gbara akwukwọ ọhuu. *Beluolisa and Ajuruchi are newlyweds.*

New moon – Ọnwa ọhuu: Umuaka n'egwu egwu ọnwa ọhuu. *The children are playing in the new moon.*

News – Okwu ọma; [Ozi; Akukọ uwa]: Chikaọdi wetara okwu ọma. *Chikaodi brought good news.*

New Year – Arọ ọhuu: Ọ fọduru ọnwa anọ ka abanye arọ ọhuu. *It remains four months to enter the new year.*

Next – Akuku [Nke n'esota]: Udo nọ n'akuku Amuche. *Udo is the next to Amuche.*

Nibble – Tabiri [Tabili; Tabelu]: Chekwa n'atabiri achi-cha bekee. *Chekwa is nibbling on the biscuit/cookie.*

Nice - Ihe di nma [Ife dinma; Amaka]: Sọpuruchi si n'Adazi bu obodo di nma. *Sopuruchi said Adazi is a nice town.*

Nickname – Aha [Afa] otutu: Aha otutu Mbe n'ifo bu ununine. *The nickname of turtle in the folk tale is 'all of you.'*

Night – Abali [Abani]: Amuru Jisọs Kraist n'abali. *Jesus Christ was born at night.*

Night gown – Uwe ura [Efe ura; Akwa ura]: Ofuma nwere uwe ura. *Ofuma has a night gown.*

Nightmare – Nrọ [Nlọ] ọjọ: Somtochi adighi arọ nrọ ọjọ. *Somtochi does not have nightmare.*

Nine – Iteghete [Itenani; Iteolu; Itolu]: Kamsiyọ zutara akwa iteghete ọga enye ndi ogbenye. *Kamsiyo bought nine cloths to give to the poor.*

Nineteen - Iri n'iteghete; [Iri na itenani; Iri n'iteolu]: Chizọ di arọ Iri na iteghete. *Chizo is nineteen years.*

Ninety – Iri Iteghete [Iri itenani; Iri na iteolu]: Ana-akwu ya iri iteghete na ọkara oge. *She is paid ₦90 per half hour.*

No – Mba: Kasarachi si mba n'ọgahi eri. *Kasarachi said no, she will not eat.*

Nobility – Ezigbo agbụrụ [Agbo]: Obi ayi bu ezigbo agbụrụ. *Our family is of good nobility.*

Nobody - O nwerọ madu/Onye amaghi ama: Onye amghi ama nwere

Chineke. *Any one who is nobody has God.*

Nod – Kwe n'isi: Ayi kwere n'isi. *We nodded our heads.*

Noise – Iti-nkpu; [Olu Uzu]: Sobenna nuru umu aka na iti-nkpu. *Sobenna heard the noise of the children.*

Nomad – Ndi n'achi anu-manu: Ndi Arebia n'achi anu-manu. *The Arabians are nomads.*

Noon – Ehihie [Efifie; Ukoli]: Kele Chineke n'etiti ehihie. *Thank God at noon time.*

Nose – Imi (akuku ahu): Kene ma ese imi. *Kene knows how to draw a nose.*

Not – Ọbughi: Obughi oge oke miri-ozuzo [udu-miri]. *It is not rainy season.*

Notice – Iti okwu; [Ima ọkwa]: Nwanne Chika tinyere okwu maka igba akwukwọ n'ulo uka. *Chika's sibling put out notice of her wedding in the Church.*

November – Ọnwa iri na otu [ofu]: Ha gbara akwukwọ n'ime ọnwa iri na otu. *They got married in the month of November.*

Now – Ugbua [Kita]: Ịna apu ugbua? *Are leaving now?*

Numb - Aru nsinwu; [Esinwu]: Itinye aka gi na miri oyi ọga esinwu. *If you put your hands in cold water it will become numb.*

Number – Ọnu ọgugu: Nwata a mara agu ọnu ọgugu. *This child knows how to count numbers.*

Nurse [medical] – Onye n'elekọta ndi ọya/ndi ahu adighi: Ugonwa bu onye n'elekọta ndi ọya. *Ugonwa is a nurse.*

Nut [seed] – Nkpuru [Nkulu] osisi: Achọrọm ita nkpuru osisi. *I want to eat nuts.*

Nutrient – Niri n'enye ọbara: Akwukwọ nri n'enye

ọbara. *Vegetables are nutrious.*

O

Oath – Iyi: Ọnuru iyi n'ihu ndi umunna. *He took an oath in the presence of the kindred.*

Obey – **Ge nti [Rube isi]:** Chuka na ege nti. *Chuka obeys.*

Observe – Lezie anya [Debe anya; Itinye anya]: Īgelezi anya ka imara ihe geme. *Observe to know what is happening.*

Obtain – Inata [Nweta]: Chetachi natara akwukwọ eji agba ụgbọ ala. *Chetachi obtained a driver's license.*

Occasion – Nme-nme: Kedu oge akara nme-nme? *What time is the occasion?*

Occupy – Bichie; [Nọchie]: Nọchie rue oge m ga abia. *Occupy till I come.*

Occur – Ọ gadi; [Oge ihe mere]: Kedu oge ọ gadi? *When will this occur?*

Ocean – Oke oshimiri; [Oke miri;]: Oke-oshimiri di na akuku ala Legọs. *An ocean borders Lagos.*

O'clock – Elekere; [Oge awa; Oge mgbe]: Elekere ise n'aku. *It is five O'clock.*

October – Ọnwa iri n'arọ: Amuru Amaka n'ọnwa iri. *Amaka was born in October.*

Odd – Ọ dupuru iche; [Ọ di iche]: Ebe ahia di n'ala dupuru iche. *Where the market is located in this village is odd.*

Odor - Isi ọjọ: Azu nke a rere ere, ọna esi isi ọjọ. *This fish is rotten, it has an odor.*

Offer – Nye: Ngọzi nyere Oge ezigbo oninye. *Ngozi offered Oge a good gift.*

Office - Ụlo [ụno] ọru: Mazi Okorie nọ n'ụlo ọru. *Mr. Okorie is in the office.*

Oil - Manu: Nkiruka bia were manu. *Nkiruka come and take the oil.*

Okay – E; E-ye: Ị ga aṅu miri? E nga aṅu miri. *Will you drink water? Okay I will drink water.*

Old – Ochie: Bia ka ayi je ochie ụlọ. *Come let us go to the old house.*

Omen – Iru: Onwere iru ọma. *She has a good omen.*
Omnipotent – Onye puru ime ihe nile: Chukwu bụ onye puru ime ihe nile. *God is Omnipotent.*

Omnivorous – Madu mọ Anu ọhia n'ata anu ma n'atakwa ahihia (plants): Mbe bi na miri n'ata ahihia (plants) ma n'atakwa anu. *The turtle is omnivorous.*

On – Na; N': Obumata nọrọ n'elu oche. *Obumata sat on the chair.*

Oneself – Onwe-gi; [Onwem]: N' ihe nke ị gahi ata onwe-gi uta. *In this case one cannot blame oneself.*

Onion – Alibasa; [Yabasi]: Dumebi kọrọ alibasa n'ubi ya. *Dumebi planted onions in her garden/farm.*

Only – Sọsọ; Nani: Sọsọ Efuru bu nwanyi n'ebe ha. *Efuru is the only girl in her family.*

Open – Meghe; [Saghere; Saghepuru Mepe; Mehe; Ighe oghe]: Uzọ azu ulo meghere oghe. *The back door is open.*

Opinion – Alo; [Uche-gi]: Kedu alo gi maka ihe mere nu. *What is your opinion on what happened?*

Opposite – Ncherita-iru; [Che-iru]: Be Nneka na be Chinyere cherita-iru. *Nneka's house is opposite Chinyere's house.*

Oppress – Megbu; [Mkpa-gide]: Emegbu-kwa-la ndi madu. *Do not oppress people.*

Oral – Okwu ọnụ: Ajuru Amachi ajuju okwu ọnụ. *Amachi was asked oral questions.*

Orderly – Ido n'usoro; [Agazi]: Amarachi dowere ihe egwuregwu ya n'usoro. *Amarachi kept her toys in orderly manner.*

Ordinary – Ihe nkiti; [Ipu na nsọ]: Ụbọchi Ụka nke ihe nkiti. *Sunday in Ordinary time.*

Origin – Mbido [Ala nputa-uwa]: Mbido miri Imo di n'Ọkigwe. *The origin of Imo River is in Okigwe.*

Other – Nke ọzọ: Wete nke ọzọ. *Bring the other one.*

Our – Ayi: Nna ayi. *Our Father.*

Out - Puọ: Puọ n'ezi. *Go outside.*

Ouster – Wepu: Wepu onye ọbula n'achighi ọfuma. *Ouster anyone who did not rule well.*

Outdoors – Ezi: Ha nọ n'ezi egwu-egwu. *They are outdoors playing.*

Outfit – Uwe: Uwe unu yi mara nma. *The outfit you people are wearing is fine.*

Outrage - Iwe ọkụ: Onye isi ha were iwe ọkụ. *Their manager was outraged.*

Outright - Ozugbo: Ọla na batara Ezie ozugbo. *Ola welcomed Ezie outright.*

Outsell – Le kari: Nchekube si na'ọga ele kari Nkechi. *Nchekube said she will outsell Nkechi.*

Ovary – Akpa akwa-nwa: Umu nwanyi n'enwe akpa akwa-nwa abụọ. *Women have two ovaries.*

Over – Karia: Ihe nke a'karia la. *This is over the board to be acceptable.*

Overseas – Ofe oke-miri [Obodo oyibo]: Nnanna jere igu akwukwọ n'ofe oke-miri. *Nnanna went to school/study overseas.*

Owl – Okwukwu; [Ikwikwi]: Okwukwu n'efe n'abali. *The owl flies at night.*

Own – Nkem; [Owem]: Nkem akọ-lam. *Let me not be deprived of my own.*

Ox – Oke ehi: Anu oke ehi n'atọ utọ. *The ox's meat tastes good.*

Oxygen [air] - Ikuku ọma: Bia nara ikuku ọma. *Come and breathe fresh air.*

Oyster - Akụ-kọ miri: Miri Imo nwere akụ-kọ miri. *Imo River have oysters.*

P

Pace – Ije-ukwu; [Ama ukwu]: Ihe a bụ ije ukwu nkita. *This is the pace of a dog.*

Pacify – Dajua; [Gugọ; Ngugọ]: Chinyere, dajua nwa n'ebe akwa. *Chinyere, pacify the crying baby.*

Package – Ngwugwu: Mama ṅụkwu wetere ngwugwu.

Grandma brought a package.

Paddle – Oseke [Ọsisi eji akpa ụgbọ miri; Ikpa ụgbọ]: Bosa nwere oseke. *Bosa has the paddle.*

Padlock - Igodo: Ude ji igodo. *Ude has the padlock.*

Paid - Akwụ-ọla ụgwọ; [Kwụa-ụgwọ]: Nkasi akwụ-ọla ụgwọ. *Nkasi has paid.*

Pain –Ngbu: Amaka enweghi ngbu n'ukwu ya. *Amaka does have any pain in her leg.*

Paint – Uli ulo; [Ite aja]: Ajuruchi tere uli ulo n'ulo ya. *Ajuruchi painted his house.*

Pair – Abua abua; [Ihe n'abia uzo abua]: Enwere m akpukpọ ukwu abuọ. *I have two pairs of shoes.*

Palm [hand] - Obe aka: Akachi gosim obe aka gi. *Akachi show me your palm.*

Palm [tree] – Ukwu-akwu: Ka ayi je na ukwu-akwu. *Let us go to the palm tree.*

Papaya – Mgbi-mgbi; [Ọkwuru bekee]: Lotanna kuru mkpuru mgbi-mgbi. *Lotanna planted papaya seeds.*

Paper – Akwukwọ: Akwukwọ di ọtutu n'ebe a. *There are lots of papers here.*

Paprika- Ose ọkpọ: Bekuechukwu na egwe ose ọkpọ. *Bekuechukwu is grinding paprika.*

Parable – Ilu: Jisọs Kraist ji ilu akuzi maka Ala Eze Chineke. *Jesus Christ used parable to teach about the Kingdom of God.*

Paradise – Paradais: Paradais amaka. *Paradise is beautiful.*

Pardon – Gbaghara: Ọ di nma igbaghara onye mejọrọ gi. *It is good to pardon anyone that offends you.*

Parcel – (See Package)

Parent – Nna na nne; [Ndi muru onye]: Nna na nne Onyinye biara be ayi. *Oninye's parents came to our home.*

Part – Ebe; [Akuku ihe]: Kedu ebe anu ichọrọ? *What part of the meat do you want?*

Partook – So; [Oso; Iso]: Emeka so n'emume iri ji ọhu. *Emeka partook in the new yam festivities.*

Pass – Gabiga; [Ga; Gafe; Gafere]: Onyeka gabigara ukwu ube. *Onyeka passed the African pear tree.*

Passage – Oghere Mpio, [Uzọ]: Ọkukọ si na oghere mpio na mgbidi were gabiga. *The hen went through passage on the wall.*

Passover – Ngabiga: Ole ebe ka Ị chọrọ ka ayi doziere Gi ka ỊN werie oriri Ngabiga? *Where will You want us to prepare for You to eat the Passover?*

Pastor – Ụkọchukwu [Onye nazu aturu Chineke]: Ha nwere ụkọchukwu ọhuru. *They have a new pastor.*

Path – Uzọ: Enwere uzọ ọzọ esi aga ya. *There is another path that leads there.*

Patience – Ndidi: Uchenna enweka ndidi. *Uchenna has a lot of patience.*

Patient – Onye ọria; [Ndi ọria]: Na ulo ọgwu e nwere ndi ọria. *In the hospital there are patients.*

Pay – Kwua ụgwọ; [Kwuọ ụgwọ; Kwughachi]: E gote ihe n'ahia, ịkwu ụgwọ ozigbo. *When you buy something from the market, you pay immediately.*

Peace – Udo: Chukwu n'enye udo. *God gives peace.*

Peanut – Ọkpa ekele: Nneochie ayi wetara ayi ọkpa ekele. *Our maternal aunty brought peanut for us.*

Pear – Ube: Ayi nọ n'oge ube. *We're in the African pear season.*

Peel – Kpecha; [Bacha; Picha]: Nkiru je kpecha ji. *Nkiru go peel the yam.*

Peep – Enyo enyo; [Inyo enyo]: Onye na enyo enyo? *Who is peeping?*

Peer – Ọgbọ: Ifeanyi na Ugonna bu ọgbọ. *Ifeanyi and Ugonna are peers.*

Pepper – Ose: Tinye ose na nri. *Add pepper to the food.*

Period – Oge; [Mgbe]: Kedu oge okwesiri ị bia? *Which period was he/ she supposed to come?*

Pet – Anụ-manụ eji egwu egwu: Onwere anụ-manụ nkita iji egwu egwu. *He owns a pet dog.*

Pharmacy – Ndi ọgwu bekee: Biko je na nke ndi ọgwu bekee gotere m ọgwu. *Please go to the pharmacy and help me buy some medicine.*

Phone: Akara ekwe nti; [Igwe eji ekwu okwu]: Ijeoma gotere akara ekwe nti ọhuru. *Ijeoma bought a new phone.*

Pick – Tututa; [Chiri; Ntutu; Tutulu; Tuturu]: Tututa ego gi dara n'ala. *Pick up your money that fell on the ground.*

Piety – Ịsọpuru Chineke; [Egwu Chineke]: Ọ di nma isopuru Chineke. *It is good to show piety.*

Pig – Ezi: Mazi Imoh nazu ezi. *Mr. Imoh rears pig.*

Pigeon – Kpalakwukwu: Anurum ka kpalakwukwu n'ebe ugbua. *I heard a pigeon cry now.*

Pillow – Ohiri isi: Ga wetere m ohiri isi. *Go and get me a pillow.*

Pinch – Tubipu; [Ịtụ mbọ]: Onye n'atu m mbọ? *Who is pinching me?*

Pipe - Ọkpọkọ: Ọ nese okpoko. *He is smoking a pipe.*

Pit – Olulu; [Onunu]: Ogwuru olulu n'azu ulo ya. *He dug a pit at his/her backyard.*

Place – Ebe: Ebe ka ayi nọ. *This is the place we are.*

Plane - Ụgbọ elu: Bia ka ihu ụgbọ elu. *Come and see a plane.*

Plant [to plant] – Kuọ ihe [Osisi]: Ayi chọrọ iku osisi oroma gburugburu ebe a. *We want to plant orange trees round this place.*

Plant [tree] – Osisi: Ha nwere ọtutu osisi na be ha. *They have a lot of plants in their house/home.*

Plantain – Ukam [Ogede]: Ha na aru ukam na uboko ọku. *They are roasting plantain on hot coal.*

155

Play – Egwuri Egwu; [Igwu egwu]: Umu aka na egwuri egwu oge ọbula. *Children play all the time.*

Plead – Kpere; [Ịyọ]: Gekpere Eneanya mgbaghara. *Go and plead with Eneanya for forgiveness.*

Please – Biko; Biko, kedu aha gi? *Please, what is your name?*

Please - [Ọdi nma n'anya]: Ọ di m nma n'anya igo akwukwọ. *It pleased me to buy the books.*

Plug – Kwu nye: Nyerem aka kwunye igwe eji ede akwa. *Help me plug the iron.*

Police – Ndi uwe oji: Ndi uwe oji jidere ndi ori. *The police caught the thieves.*

Poor – Ogbeye; [Nwa-ngbi Ubiam]: Okeke abu ghi ogbeye. *Okeke is not poor.*

Possible – Puru ime; [Ikwe omume]: Ihe nile puru ime, site n'ike nke Chukwu. *All things are possible by the power of God.*

Post - Ọkwa; [Ọnodu]: Mazi Nwosu nọzi na ọkwa onye nchikọta ulo ọru ya. *Mr. Nwosu holds the post of a general manager at his work place.*

Poverty – *See Poor*

Power – Ike: Chineke n'enye ayi ike mgbe nile. *God gives us power all the time.*

Praise – Otito; [Otuto; Ịto]: Ka ayi nye Chineke otito. *Let us praise God.*

Pray – Ekpere; [Ekpele]: Ị ga na ekpe ekpere oge nile. *You should pray all the time.*

Prayer - Ikpe Ekpere; [Ekpele]: Ndi otu Kraist ejighi ekpere egwu egwu. *Christians do not play with prayers.*

Preach – Ikwu okwu Chukwu: Ọ na eje obodo oyibo ikwu okwu Chukwu. *He is going abroad to preach.*

Precaution – Neze; [Ikere nkwucha]: Neze maka ihe mberede nke okporo uzọ. *Take precaution against road accidents.*

Precious – Oke ọnụ-ahia: Ọbara Kraịṣt dị oke ọnu-ahia, Ọ gbaputara ayi. *The Precious Blood of Christ has redeemed us.*

Predict – Akọ ihe geme; [Akọ]: Iga akọta onye ga emeri n'egwuregwu bọlụ? *Can you predict who will win the football match?*

Prepare – Kwado; [Dozie; Nkwadobe]: Ka ayi kwado maka ọbibia Kraịst, nke abua. *Let us prepare for the second coming of Christ.*

Prescription - Ide ọgwu: Edere Ebere ọgwu maka ọria ịba. *Ebere was given prescription for malaria.*

Present - Ịnọ n'ebe; Ịnọ ya; Ịọ ya: Ebube nọ ya oge nwanne ya nwoke gbara akwukwọ. *Ebube was present at her brother's wedding.*

Preserve – Ndebe; [Dokwa, Ndokwa; Gbakpọ ihe maka nmebi; Ịchebe]: Gbakpọ ose na anwu. *Dry the pepper in the sun to preserve it.*

Pressure - Ịno do madu ka ome ihe; [Nkpagbu; Nodo]: Ndi Umunna nodoro Mazi Okoronkwọ ka ojile anula nwanyi ozo. *The kindred pressured Mr. Okoronkwo not to marry another wife.*

Pretend – Ime ihe madu abughi; [Ịma ụma]: Ọ na eme ka ọmaghi asu Igbo. *She pretends as if she doesn't know how to speak Igbo.*

Prevent – Ikwusi; [Inapu; Ghara; Nagha; Nọchibido; Mgbochi]: Ọ dighi onye nwere ike ikwusi Chineke ka Ọ ghara imerem ihe-ọma ọkwa dorom. *Nobody can prevent what God wants to do for me.*

Price - Ọnu ahia; [Ego ihe]: Ọnu ahia ha di elu. *Their prices are on the high side.*

Pride – *See proud*

Priest – Onye-nchu-aja; [Ụkọchukwu]: Onye-nchu-aja bi n'obodo ayi nwere obi ebere. *The priest who lives in our town has a kind heart.*

Prince – Nwa nwoke onye eze: Ọna eme mpako n'ihi n'ọbu ọkpara eze. *He is proud because he is the crown prince.*

Princess – Nwa nwanyi eze: Ada eze mara nma. *The princess is beautiful.*

Procrastination – Mgbe emechara; [Oge ọzọ]: Mgbe emechara adighi nma. *Procrastination is not good.*

Proclaim – Akpọsa; [Nkwusa]: Ayi gakpọsa oziọma. *We will proclaim the gospel.*

Prodigal – Ndu ila-n'iyi [Oseaka; Ọhọ ogoli]: Ọ nae bi ndu ila-n'iyi. *He lives a prodigal life.*

Produce [to manufacture] Ime puta ihe: Ndi Aba n'emeputa akpukpọ ukwu. *Aba people produce shoes.*

Produce [crop from farm] Ihe ikọtara n'ubi; [Ife ikọtalu n'ugbo]: Ihe ọkọtara n'ubi hiri-ne, owe jere ndi e'nwghi nu. *He had a bountiful produce [crop], he took some to those who do not have.*

Profession – [work] Ọlu: Gini bu ọlu gi? *What is your profession?*

Profession – [declare] Kwuputa: Kwuputa ihe

Chineke mere gi. *Profess what God has done for you.*

Profit – Uru [Ulu]: Uru di na ihe orere. *There is profit in what he sold.*

Progress – Iga n'iru; [Ọga n'iru]: Ọ bụrụ na ifunanya adighi n'etiti unu, unu agaghi aga na iru. *If love does not exist among you, you people cannot progress.*

Promise – Nkwa; [Okwu nsọ; Kwe nkwa]: Mama ayi kwere m nkwa ibu je m. *Our mom promised to give me a ride there.*

Prompt – Ozugbo: Oge ọbula ikpọrọ ya, ọza gi ozugbo. *Whenever you call, he/she responds promptly.*

Prophet – Onye-amuma; [OnyeOnye-ọhu-uzọ]: Ojere ihu onye-amuma. *He went to see a prophet.*

Proud – Nganga; [Npako; Ngala]: Nganga ya adighi ekwe ya kele madu. *He is so proud that he cannot greet people.*

Prudent – Ezi uche; [Amam ihe; Ima ihe]: Okwudiri nwere ezi uche. *Okwdiri is prudent.*

Public - Ọra; [Ọha]: Ume bu onu n'ekwuru ọra. *Ume is the spokesperson for the public.*

Pupil [student] – Nwata akwukwọ: Osisioma yiri nwata akwukwọ. *Osisioma looks like a pupil.*

Pupil [eye] – Nwantanta anya: Ọria na egosi na nwantanta anya. *Disease shows in the pupil.*

Purchase – Zuta; [Gota; Gote]: Biko nyerem aka zuta nkata ji n'ahia. *Please help me purchase a basket of yam in the market.*

Pure - Di ọcha: Ngọzi na diri ndi di ọcha na obi. *Blessed are the pure in heart.*

Purpose – N'ihi; [Mara uma]: N'ihi gini ka Obiọma ji me ya?

For what purpose did Obioma do it?

Purse – Akpa-aka: Jidesie akpa-aka gi ike maka ndi ori. *Hold your purse tight because of thieves.*

Pursuit - Achu; [Nachu achu; Ichụ ihe]: Ọlanna achu ihe gbasara agum akwukwọ ya. *Olanna is in pursuit of what she needs for her education.*

Push – Kwa; [Nkwantu; Nupu]: Bia nyerem aka kwa ugbu ala aka. *Come and help me push the car.*

Put – Tinye: Tinye ya n'akpa. *Put it in a bag.*

Puzzle – Igbari anya; Igba gwo ju anya: Out Ikechukwu siri rute ebe a bu ihe mgbariri anya. *How Ikechukwu got here remains a puzzle.*

Q

Quail – Ọgazi: Ọgazi juru ala ayi. *There are lots of quail in our land.*

Quality – Kachasi nma; [Agwa]: Chiri ose nke kachasi nma. *Take the best quality of the pepper.*

Quantity – Ole: Akpa ọka ole di n'ọba? *How bags of corn are in the barn?*

Quarantine – Mechibido nime ulo [Igbachikpo ụzọ; Enweghi meko]: Ndi n' aya ọria kitikpa n'emechibido ha nime ulo. *Anyone infected with chicken pox is quarantined.*

Quarrel - Ichọ-okwu; [Ikọ nkọ]: Ndi ojọ n'achọ okwu ọtutu-oge. *Bad people quarrel most of the time.*

Quarry – Ebe ana awa nkume; Ebe ana agbọwa nkume; [Okwute]: Abakaliki nwere ebe ana awa nkume.

Abakaliki have stone quarries.

Queen – Eze nwanyi: Maria di Asọ bu eze nwanyi. *Holy Mary is a queen.*

Quick – Ọsọsọ [Ngwa-ngwa]: Me ọsọsọ ka ayi rapu n'oge. *Be quick so we can leave on time.*

Question - Ajuju: Juọm ajuju. *Ask me a question.*

Queue - Ikwụ n'usoro: Ha kwuru n'usoro maka izuru manụ ụgbọ ala. *They queued up to buy petrol/fuel.*

Quiet – Ju [Nwayọ]: Nọrọ ju. *Keep quiet.*

Quota – Oke: Ndi obodo ayi nwere oke umu akwukwọ na mahadum ohuru. *Our town has a quota for students in the new university.*

R

Rabbit - Oke bekee: Ogechi n'azu oke beke. *Ogechi raises*

rabbits.

Race [run] - Igba ọsọ: Obi so agba ọsọ. *Obi was among those that ran in the race.*

Race [people] – Madu: Chineke kere madu. *God created the human race.*

Racism - Ọnụma ndi mba: Ọnụma ndi mba adighi nma. *Racism is not good.*

Radio - Igwe n'ekwu okwu: Ayi n'ege akukọ uwa n'igwe n'ekwu okwu. *We listen to the world news on the radio.*

Rage – Iwe ọkụ: Eze were iwe ọkụ oge ọnụrụ ihe mere. *The king was full of rage when he heard what happened.*

Raid – N'wakpo: Ndi uwe oji mere ebe ndi oshi zoro n'wakpo. *The police raided the thieves' hideout.*

Rail – Okporo uzọ igwe: Kpachara anya gi were gafe okporo uzọ igwe. *Be careful while crossing the rail.*

Rainfall – Miri [Mili] ozuzo: Miri zoro nke ukwu n'arọ a. *The rainfall was heavy this year.*

Rainbow: Eke-na-ogwurugwu: Eke-na-ogwurugwu di na elu igwe. *The rainbow is in the sky.*

Raise – Weli e [Buni elu; Iweni; Iwenite; Wenite; Weni e]: Weli e aka gi m'oburu n'ichọrọ iza ajuju a. *Raise your hand if you want to answer this question.*

Raise – [Train] Zulite: Nna na nne kwesiri izulite umu ha. *Parents should rasie their children.*

Ram – Ebulu [Ebune; Oke aturu]: Nna ya gotere ebulu ha ga eji tuọ nma nma. *The father bought a ram that they will use for thanksgiving.*

Rank- Ọkwa: Ọkwa ya di elu, n'ụlọ ọru ya. *He is a high rank officer at his work place.*

Rat [mice] – Oke: Oke nọ n'ime olulu. *There is a rat in the hole.*

Raven - Ugolo-ọma: Enwere m ugolo-ọma. *I have a raven.*

Raw - Ndu: I ga ata akwukwọ nri ahu n'ndu? *Will you eat that vegetable raw?*

Raze – Ikpo chapu; [Īmebi]: Ọku kpocha puru ọhia di na ikpa ọzara. *Fire razed the forest/trees in the wilderness.*

Razor- Aguba: Eji aguba akpu isi. *Razor is [may be] used to barb hair.*

Reach – Ilu te; [Ilu aka; Ilu; Eru]: Ọ ga eru ebe a ututu echi. *He/She will reach here tomorrow morning.*

Read - Gua; [Guo]: Gu akwukwọ gi. *Read your book.*

Reader - Onye na gu ihe; [Onye ọgugu akwukwọ]: Ọ bu onye ọgu akwukwọ. *He/She is a reader.*

Ready – Jikere; [Kwado]: Onye ọbula di njikere maka ọbibia Kraist nke abua. *Everyone should be ready for the second coming of Christ.*

Real - Ezie [Ezigbo]: Ezie, ọ bu ezigbo madu. *For real, he/she is a nice person.*

Reap – Ewe; Ghọrọ [Ghọlu; Ighọta]: I ga ewere mkpuru ikuru. *You will reap what you sow.*

Rear – Zulite/azu, N'azu[1]/ ịkpe azu[2]: Ọ n'azu ọkuku[1]. *He/She rears chicken.* Adaeze bu onye ikpe azu. *Adaeze is at the rear[2].*

Rearrange – Nkwaghari: Oriaku Okeke n'akwaghari be ya. *Mrs. Okeke is rearranging her house.*

Reason - Kpatara; [Nihi ya mere; Ya ka eji]: Okonkwo di mkpumkpu ya kpatara ejighi we ya na ndi uwe oji. *Okonkwo is short, that is the reason he was not recruited into the police force.*

Rebel – Nupu isi; [Onye isi ike]: Ekene adighi enupu isi. *Ekene is not a rebel.*

Rebuke – Ba nba: Onye nkuzi Ọlaedo bara ya nba. *Olaedo's teacher rebuked her.*

Receive - Nara; [Nata; Nalu]: A nara la m ego nna m zitere. *I received the money my father sent to me.*

Recent - Nsonso a; Ọhuu: Chetachi biara nsonso a. *Chetachi came recently.*

Recollect – Icheta: Obiọma ga echeta ebe o dowere ego ya. *Obioma will recollect where he kept his money.*

Recommend - Inye atumatu; [Ịdu ọdu]: Onye nkuzi m nyere m atumatu akwukwọ a.

My teacher recommended this book to me.

Reconcile – Nkpe-zi; [Di n'udo; [Nkpe-kwa]: Nchetakasi na di ya, ekpe-zi ela. *Nechetakasi has reconciled with her husband.*

Record – De n'akwukwọ; [Ihe edere ede]: Ọdi n'akwukwọ na Uju adighi abia ọgbako. *Is on record that Uju does not attend meetings.*

Recorder – Opi; [Ọja]: Ezeobi mara egbu opi. *Ezeobi can play the recorder.*

Recount – Gugharia; [Ngughari]: Uzọ n'agughari ego ya. *Uzo is recounting her money.*

Recruit – We n'ọru [ọlu]: Ndi ulo ọru Nneka n'ewe ndi ọru ọhuu. *Nneka's workplace is recruiting new staff.*

Red – Uhie [Ọbara; Me-me]: Okpu ya n'acha meme. *His cap is red in colour.*

Redeem – Gbaputa; [Nzọputa]: Jisọs biara uwa maka ngbaputa ayi. *Jesus came to the world to redeem us.*

Reduce – Gubila; [Wedata; Webinata]: Biko gubila ego ọnu ahia ọkuku. *Please, reduce the price of the chicken to.*

Real – Ezie; N'eziokwu: Ha omeriri n'ezie? *Did they win, for real?*

Reflect – Tughari [Itughali] uche: Ọ di nma itughari uche ihe mere n'arọ gara aga tupu arọ ọhuru a bia. *It is good to reflect on things that happened last year before the New Year.*

Reform – Cheghari; [Si uzọ ọjọ lata, me ezi omume; Luzie]: Ezeudu nyere umu aka chegharia. *Ezeudu helped to reform the children.*

Refuge – Obodo/Ebe ngbaba; [Ebe ize ndu]: Kraist bu ebe ngbaba m. *Christ is my refuge.*

Refugee: Onye gbapuru agbapu; [Onye na agba ọsọ ndu na obodo ọzọ]: Chinasa gbapuru agbapu na ala ha oge agha Biafra. *Chinasa is a refugee in during Biafran war.*

Refund – Nyeghachi: Nduka g'nyeghachi ego gi. *Nduka will refund your money.*

Refuse – Ju; [Juru]: Ifunanya juru ije ahia. *Ifunanya refused to go to market.*

Region – Akuku; [Ebe; Ofé; Mpaghara]: Kedu akuku ndi Igbo bi na Ugwu-Awusa? *What region do the Igbos live in the Northern?*

Register – Akwukwọ eji ede nye aha/ihe; [Ịdenye aha n'akwukwọ/ihe]: Oriaku Oji gara ị denye aha umu ya n'akwukwọ ụlo akwukwọ. *Mrs. Oji went to register her children at the school.*

Regret: Uta; [Ịta ikikili eze]: Okonkwo mechara ta onwe ya uta, maka ajọ agwa ya. *Okonkwo later regretted his bad behavior.*

Regular [frequent] – Mgbe nile; [Mgbe dum; Ịgba ụnụ; Ịje oge ncha]: Adaobi na e je agba ụka mgbe nile. *Adaobi is regular in church.*

Regulate – Nedo; [Lechi anya; Usoro]: Ndi nkuzi nedo anya n'ule akwukwọ. *The teachers regulated the examinations.*

Reign - Chia; [Ọchichi]: Eze Dike n'achi nde Achina. *King Dike is the reigning king in Achina.*

Reject – Ju; [Aju]: Chinazọ juru ndi enyi ya. *Chinazo rejected his friends.*

Relative – Nwa-nne; [Ikwu]: Ejine bu nwa-nne m. *Ejine is mine relative.*

Relax - Zu ike; [Zuri ike]: Bia zuri ike. *Come and relax.*

Reluctance: Ikpu ukwu na ala [ana; ani]. Ikpu ukwu na ala nọ ọlu ajọ ka. *Reluctance to work is bad.*

Remain – Nọnye; Inọ [station]. Ebube nọnyere ayi na ulo. *Ebube remained with us in the house.* **Fọrọ [left over]:** Udara ole fọrọ? *How many African apples are remaining?*

Remedy: Ngwọta. Ngwọta dị. *There is remedy.*

Remember: - Cheta; [Chetakwa; Chetere]: Cheta ga ahia ubọchi eke. *Remember to go to shopping on eke market day.*

Remind – Chetara; [Chetere; Chetelu; Cheta]: Chetaram maka ukwe a izu uka n'abia. *Remind me of this song a week from now.*

Remote – Ala nkewapu; [Nime ohia]: Ubi Ụlụchi di na ime ọhia. *Uluchi's farm is in a remote area.*

Remove – Wezuga; [Wepu]: Mazi Obi wepu oke nkem anụ ahu. *Mr. Obi remove my share of meat from the rest.*

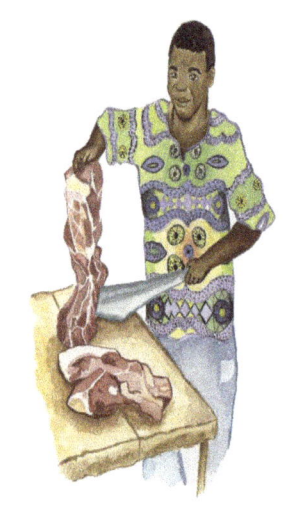

Rename - Gu gharia aha; [Ịba ghari aha]: Mazi Ịbeka gu ghariri nwa ya aha n'ihi n' aha mbu ya enweghi ezigbo nkọwa. *Mr. Ibeka renamed his child because the first name didn't have a good meaning.*

Repair – Dozie; [Mezie; Mekwa]: Ugbọ m chọrọ ndozi. *My car needs repair.*

Repent - Chegharia; [Nchegharj, Cheghari]: Biko

166

site n'uzọ ọjọ gi chegharia. *Please, repent from your evil ways.*

Reply – Ọziza okwu; [Gasi; Zaghachi; Gwara; Gwagwalu; Zara; Ọsisa]: Osita zara okwu si na ọchọghi. *Osita replied that he does not want.*

Report - Akukọ; [Okwu; Ichi ikpe]: Mazi Nwakọ kọsara eze akukọ ihe mere nu. *Mr. Nwako reported to the king what happened.*

Represent – Guzo; [Nọchi anya]: Onye ga guzoro n'ọnọdu ayi n'ogbakọ a? *Who will represent us in this meeting?*

Repress: Egbochi; [Kpudochi/Itachi ọnu]: Ndi na achi obodo achọghi igbochi nde nke a ọnu. *The people in power do not want to repress their people.*

Require - Ihe achọrọ; [Juta]: Ihe achọrọ iji we ba ulo akwukwọ bu iti aka na akwukwọ. *What is required to attend the school is to sign a paper.*

Resurrection – Nbilite-n'ọnwu; [Nbinite-n'ọnwu)]: Ndi otu Kraist n'echeta mbilite-n'ọnwu Ya. *Christians remember Christ's resurrection.*

Retaliation – Akwughachi; [Megwara; Nyeghachi nmeso]: Ị kwughachi nmeso ọjọ madu adighi nma. *It is not good to retaliate a bad behaviour of people.*

Return – Nyeghachi; [Laghachi; Weghachi]: Nyeghachi akwa ahu ebe isiri weta ya. *Return the cloth to where you got it.*

Reunite – Yikọ; [Gbakọ ọnu]: Muọ Nsọ bu Onye ga yikọ ha ọnu. *The Holy Spirit will reunite them.*

Reveal – Nkpughe: Aga ekpughe ihe nile ezoro ezo. *All the secrets will be revealed.*

Revenue – Uru ahia; [Ego akpatara]: Ego ole bu uru ahia gi? *How much is your revenue?*

Reward – Ugwọ-ọlu: Mazi Eke nyere ndi ọlu ya ulo ka ugwọ-ọlu ha. *Mr. Eke gave his workers a house as reward for their work.*

Rib - Ọgiriga ahu; [Mkpisi ngugu]: Ọgba ji-ghi ọgiriga ahu ya. *He did not break his ribs.*

Rice – Osikapa: Ayi n'esi osikapa. *We are cooking rice.*

Rich – Ọgaranya; [Aku; Iji ego; Inwe ego]: Nna ya bu ọgaranya. *His/her father is rich.*

Ride - Gba; [Ịnya; Nagaghari]: Ịna agba igwe? *Are you riding a bike/bicycle?*

Ridicule - Ichi madu ọchi; [Ịme madu akaje]: Ha chiri ya ọchi n'ihi n'ọmaghi ala nna ya. *They ridiculed Amuche because he does not know his anscetral home.*

Right – Eziokwu; [Ọya; Ọdi-nma]: Ọdi-nma madu igbaghara madu ibe ya. *It is right for someone to forgive his fellow human being.*

Right hand – Aka-nri: Were aka-nri gi were che ọji. *Use your right hand to serve the kola-nut.*

Righteous – Ezi omume: Onye ọbula chọrọ ihe ọma, ga-agba mbọ n'aru-si ọrụ ike na-emekwa ezi omume. *Anybody who wants good things (prospects) must try to work-hard and be righteous*

Ring - Ngba-aka; [Uli-aka]: Gbanye ngba-aka nka, kam fụ otu ọ ga adi gi na'ka. *Put on this ring and let me see how it*

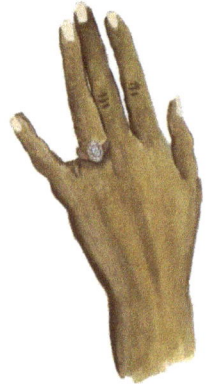

fits you.

Ring [bell] – Mgbiringba [Mgbilimgba]: Ọ di Chimere n'aka iku mgbiringba ulo akwukwọ ya. *It's Chimere's duty to ring his school bell.*

Ringworm – Ọkpu-isi eri-ego; [Ọkpuisi eli-ego]: Okpu isi eri-ngo n'eme ya. *He has ringworm.*

Rinse – Nghacha; [Nsacha; Nachapu; Inyacha]: Eji m ncha sa efere, Ọ fọrọ ka m jiri miri di nma nghacha ya. *I have washed the plate with soap; it remains for me to rinse it with clean water.*

Riot – Uzu; [Ọgba aghara]: N'oge gara aga, umu nwanyi Aba mere uzu maka tax asi na ha ga'kwu. *Some years ago, Aba women organized a riot because of taxtion.*

Rip – Idọka; [Idọgbu; Gbawa]: Nnanna dọkara ochie akwa. *Nnanna ripped the old cloth.*

Ripe - Chara acha: Mkpuru nkwu a chara acha. *This palm fruits are ripe.*

Rise – Bilie: Ọ na ebilie na isi ututu ije ọlu. *They rise early to go to work.*

Rite – Neme; [Efe ofufe]: Neme Nagabiga da nyere na abali asa na ọnwa anọ na afọ a. *The Passover rite fell on the 7th of April this year.*

Rival – Onye-nkpagbu; [Onye-nnadi]: Ọ bu onye-nkpagbu Chinyere. *She is Chinyere's rival.*

River – Osimiri [Miri n'ehu ehu]: O jere igbu azu na osimiri. *He went to fish by the river.*

Road – Uzọ; [Okporo Uzọ]: Uzọ esi aga obodo ha dị nma. *The road to their village is good.*

Roadside – Akuku uzọ; [Nkọ-nkọ uzọ]: Ọ na aru ọka n'akuku uzọ. *She roasts corn by the roadside.*

Roam – Naghari; [Nkpaghari; Nkpaghali]: Obika na eje n'ụlọ akwukwọ ya, Ọ na ghi naghari n'obodo. *Obika goes to school he does not roam the town.*

Roast - Ru n'ọku: Ọ n'aru ji n'ọku. *She is roasting the yam in the fire.*

Rob – Napu; [Izu-ohi; Izu oshi]: Enweghi ndi na napu madu ihe. *We do not have people that rob.*

Robe – Uwe: Ụkọchukwu Ikenna yi uwe ndi ụkọchukwu. *Reverend Ikenna is wearing a priest's robe.*

Rock – Nkume; [Okwute]: Nkume gbara obodo ha gburugburu. *Their village is surrounded by rock.*

Roof – Elu ụlọ: Ha ji gbam-gbam were me elu ụlọ ha. *They used zinc to roof their house.*

Room – Ime-ulo; [Nkpuru; Nkpulu]: Ụlọ ọhuru ha nwere ime-ulo ise. *Their new house has five rooms.*

Rooster - Oke ọkuku; [Oke ọkpa]: Oke ọkuku n'akwa n'ụtutu. *The rooster crows in the morning.*

Root – Ngbọrọogwu: Ngbọrọgwu ukwu osisi a mere mgbasa. *The root of this tree is spread out.*

Rope - Udọ: Ga gbasa akwa gi n'udọ di n'ilo. *Go and spread your clothes on the rope outside.*

Rough – Nkputankpu: Uzọ nkputankpu di zi lari. *The rough road is smooth now.*

Round - Gburugburu; [Okilikili]: Nne ayi gotere achicha gbara gburugburu.

Our mother bought round shaped bread for us.

Route – Uzọ esi eje: Kedu uzọ ayi si eje? *Which route are we going to take?*

Royal – Onye eze: Amuru ya na obi eze. *He was born into a royal house.*

Rubber – Miri osisi di ndọrọ-ndọrọ. E ji miri osis di ndọrọ ndọrọ eme ihe di iche iche. *Rubber is used to make different things.*

Rug - Ute eji amacha ukwu [ọkpa]: Ha tọrọ ute eji amacha ukwu na nkpuru ha. *They spread a rug in their room.*

Ruin – Obo; [Dapia; Nebi]: Ayi gara ile obo ihe egbe-igwe dapiara. *We went to see the ruin caused by thunder.*

Rule – Ọchi-chi: Ndi soja na zighi achi ayi ugbua. *The soldiers are not ruling us now.*

Rumor – Akukọ na wughi ezi: Kwusi akukọ na wughi ezi. *Stop spreading rumor.*

Run – Gba ọsọ: Umu nwannem na mu na gbara ọsọ maka aru isi ike. *My siblings and I run to stay healthy.*

Runaway – Gba-fue [Gba-fuo]: Biko si ebe a gba-fue. *Please run away from here.*

Rural – Obodo enwghi mgbidi: Obodo enweghi mgbidi di sara-adi sa. *Rural towns with out walls are spread out.*

Rush – Gba-kwu nike; [Made; Ji ọsọ; Ime ihe Ọsisọ/Ngwa ngwa]: O ji ọsọ gbaga n'ulọ ọgwu. *She rushed down to the hospital.*

S

Sabbath – Ubọchi-izu-ike; [Ubọchi asa di nsọ; Ubọchi ezu-mike maka iji fe Chineke]: Ubọchi Uka, bu ubọchi izu-ike ife Chineke.

Sunday is the Sabbath/rest from work to worship God.

Sack - Akpa aji[1]/Ichụ n' ọru(ọlu)[2]: Ọfọma wete akpa aji[1]. *Ofoma bring the sack.* A churu Emejuru n'ọru/ọlu[2] *Emejuru was sacked at work.*

Sacred - Nsọ: Ulo Uka di nsọ. *The Church building 'is sacred.*

Sacrifice: Aja: Nde Levi bu ndi Chineke wepu tara ichu-aja n' Isrel. *The Levites are the people God set apart to offer sacrifice in Israel.* **To sacrifice – Ichu aja**: Ayi ga achu aja n'ulo uka, iji ekele Chineke. *We will offer sacrifice in Church to show our gratitude to God.*

Sad – Ngbaru iru; [Enweghi obi utọ; Obi adighi nma]: Mgbe madu mehere Chineke adighi enwe obi utọ. *When a person offends God, the person is sad.*

Safe - Enweghi ihe ọjọ ọ bula mere: Onweghi ihe ọjọ ọbula mere Ijeoma n'oge ọgba aghara ahu. *Ijeoma was safe during the chaos.*

Said – Siri; [Kwuru]: Ndi okenye siri na npkuru onye kuru ka ọga aghọrọ. *The elders said that what you sow is what you reap.*

Sail - Njem ugbọ miri: Njem ugbọ miri adighi ka njem ugbọ elu. *A sailing trip is not like a trip with an airplane.*

Salary - Ugwọ ọnwa: A n'akwụ ndi nkuzi ezigbo ugwọ ọnwa. *The teachers are paid a very good salary.*

Sale – Orire; [Re; Ile ihe]: Nkọli weputara akwukwọ

orire ulọ ya. *Nkoli brought out the papers for the sale of her house.*

Saliva - Asọ miri: Igbu asọ miri n'uzọ adighi nma. *To spit on the road is not good.*

Salt - Nnụ: Nnụ bu ngwa nri kachasi nkpa n'isi nri. *Salt is the most important ingredient in cooking.*

Salute – Ekele: Ndi be ayi ekele m unu nine. *My people, I salute you all.*

Salvation - Nzọputa: Jisọs Kraist nwuru n' elu obe, iji zọputa ayi. *Jesus Christ died on the Cross to grant us salvation.*

Same – Otu ihe: Ije ahia na ututu na ije ahia na anyasi abughi otu ihe. *To go to the market in the morning and going in the evening is not the same.*

Sand – Aja: Aja juru n'elu oche. *There are lots of sand on the chair.*

Sandy - Aja ụgwụgwụ: Aja ụgwụgwụ adighi nma iji kọ ubi. *Sandy soil is not good for farming.*

Saturday - Ụbochi nke asa n'izu: Ụbochi asa n'izu, bu ubochi ezu m ike ndi Ju. *Saturday is the day of rest for the Jews.*

Saviour - Onye Nzọputa: Jisọs Kraist bu Onye Nzọputa ayi. *Jesus Christ is our*

Saviour.

Savor - Isi utọ nri: Anam esi isi utọ nri. *I am savoring the food.*

Say – Kwu o: Obiọra kwu o ihe inuru. *Obiora, say what you heard.*

Scare - Tua ujọ: Ọdighi nma itu nwata ujọ. *It is not good to scare a child.*

Scarf - Ịchafu isi; [Akuisi]: Chidinma bia ke ịchafu isi. *Chidima come and tie a scarf.*

Scream - Kpọ nkpu; [Iti nkpu]: Kedu onye n'kpọ nkpu? *Who is screaming?*

School - Ulo akwukwọ: Ulo akwukwọ ayi amaka. *Our school is beautiful.*

School bag - Akpa akwukwọ: Enwere m akpa akwukwọ. *I have a school bag.*

School boy/girl - Nwa akwukwọ [nwoke/nwanyi]: Amarachi bu nwa akwukwọ. *Amarachi is a school pupil.*

School building - Ulo akwukwọ: Le ulo akwukwọ a. *See this school building.*

School master – Onye isi ulo akwukwọ [nwoke: masculine]: Mazi Okorie bu onye isi ulo akwukwọ. *Mr. Okorie is the school master.*

School mate – Onye/Nwa akwukwọ ibem: Ude bu onye akwukwọ ibem. *Ude is my school mate.*

School mistress – Onye isi ulo akwukwọ [nwanyi: feminine]: Odozi aku Bosa bu onye isi ulo akwukwọ. *Mrs. Bosa is the head mistress.*

School teacher - Onye nkuzi n'ulo akwukwọ: Udochi bu onye nkuzi n'ulo akwukwọ. *Udochi is a school teacher.*

School work – Ọru ulo akwukwọ: Ebube, ị nwere ọru ulo akwukwọ? *Ebube, do you have school work?*

School Yard – Ebe ekewapuru ekewapu; [Mbara ulo akwukwọ]: Mbara ulo akwukwọ obosara ya ebuka [basara abasa]. *The school yard is wide.*

Scold - Mba: Nna Chika bara ya mba. *Chika's dad scolded him.*

Scorch – Chagbu: Anwụ a ndi nchagbu. *The sun is scorching.*

Scorn – Ichi-ọchi; [Kpọ asi; Le da anya; Isu ọnu]: Onweghi onye n'ichi umu ya ọchi. *Nobody scorns their children.*

Scorpion – Akpi: Chidozie si n'akpi adizighi n'ubi ha. *Chidozie said there is no longer any scorpion in their farm.*

Scourge - Pia ihe: Pilati gwara ndi-agha ya ka ha pia Jisọs Kraist ihe. *Pilate told his soldiers to scourge Jesus Christ.*

Scout - Ichọ ihe[1]; Otu Umuaka nwoke[2]: Ana m achọ ulọ ọhu[1]. *I am scouting for a new house.* Oso n'otu umuaka nwoke[2]. *He belongs to the boy's scout.*

Scratch – Kọ-ọkọ; Imeru-aru: Anụli n'akọ mama ya ọkọ. *Anuli is scratching where it itches her mother.*

Scripture - Akwụkwọ Nsọ: Akwụkwọ Nsọ di ire. *The Scripture is powerful.*

Scrub – Sa: Sochi ekelem gi n' ala ulo ị sara. *Sochi thanks for the floor you scrubbed.*

Sea - Osimiri: Kedu ndi Chineke wara oke osimiri? *Which people did God part the sea for?*

Seal – Nmechi; [Nmechie]: Ha e mechie la uzọ. *They have sealed the road.*

Search - Chọ: Je chọ akwa ahu. *Go and search for the clothes.*

Season – Oge; [Mgbe]: Oge ube eru-ola. *The season for pear has come.*

Seat – Oche: Udochi nọ n'elu oche. *Udochi is on top of the chair.*

Second - Nke abua; [Onye abuọ]: Ogechi gbara onye nke abua n'ọsọ. *Ogechi came second in the race.*

Secret - Nzụzo: Ọdighi ihe emere na nzụzo n'agaghi aputa ihe. *There is nothing done in secret that will not become known.*

Secretary - Onye ode akwukwọ: Nna ha bu Onye ode akwukwọ Obodo. *Their father is the Secretary of State.*

See – Le; [Hụ; Fu]: Kamto le akpa m. *Kamto see my bag.*

Seed - Nkpuru osisi: Nkiru nwere nkpuru osisi di iche iche. *Nkiru has different kinds of plant seeds.*

Seek – Chọ: Ndi obodo ayi na achọ eziokwu. *The people of our town seek the truth.*

Seer - Onye n'ahu uzọ: Samuel bu onye ohu uzọ n'ala Isreli. *Samuel is a seer in the land of Israel.*

Segregate - Ikpa oke: Chineke achọghi ikpa oke. *God does not like segregation.*

Seize – Ejide; [Jide; Jidere; Nwude; Itọdo]: Ndi oji ugwọ gejide ya. *His creditors will seize him.*

Seizure - Ihe mkpatu: O n' enwe ihe mkpatu. *He/She is having seizures.*

Self – Onwe: Ọdi nma madu ima onwe ya. *It is good for one to know oneself.*

Sell – Re: Ndi Aba n'ere ezigbo akpukpọ ukwu. *Aba people sell good shoes.*

Send – Ziga; [sent; past tense – Zipu; Nzipu]: Obiọma ga eziga Okeke ozi. *Obioma will send Okeke on an errand.*

Senior - Ọtọrọ onye: Onye tọrọ onye ga ebu'zọ hara. *The senior should take the share first.*

Sense - Nghọta; [Inwe uche; common-sense akpa muche]: Enwerem nghọta n'ike nke Chineke, na ihe okwuru. *I have a sense of what He said by the grace of God.*

Senseless – Enweghi uche/isi; [Enweghi nghọta]: Ndi ọjọ na eme ihe enweghi isi. *Bad people do senseless things.*

Separate – Kewapu; [Kewa; Iche-iche]: Ngọzi biko kewapu ji na ọka. *Ngozi please, put the yam and corn separately.*

September - Ọnwa nke itolu/itenani n'afọ: Ọnwa nke itenani na afọ ka eji eri ji ọfu. *September is the month to eat the new yam.*

Sequel - Nke na esote: Omenala a bu nke n'esote iri ji. *This tradition is sequel to the new yam festival.*

Series - Ihe n'eso usoro: Ana egosi puta ya n'usoro. *It is shown in series.*

Serious – Oke nkpa; [Ihe di uku]: Ijeọma n'akpo akwukwọ ya oke nkpa. *Ijeoma takes her studies serious.*

Servant – Oru; [Odibo]: Pọl sina ndi n'eso Jisọs Kraist kwesiri inwe obi oru. *Paul said Jesus Christ followers are supposed to have a servant's heart.*

Serve – Fe; [Nefe]: Agam efe Chineke. *I will serve God.*

Service - Ika uka[1] Iru ọru[2]: Uka a akara amaka[1]. *The Church service was amazing.* Okechukwu nọ ana aru ọru[2]. *Okechukwu is still in active service.*

Settle – Ntọ-ala; [Ibi okwu]: Ka ayi bie okwu a. *Let us settle this matter.*

Seven – Asa: Enwere ubọchi asa n'otu izu nde Beke. *We have seven days in a week.*

Seventeen - Iri na asa: Tochukwu di afọ iri na asa. *Tochukwu is seventeen years old.*

Seventy - Iri asa: Nnam ochie di afọ iri asa. *My maternal uncle is seventy years old.*

Several - Ọtutu: Ha abiara ọtutu mgbe. *They have come several times.*

Sew – Akwa-akwa; [Adukọta]: Ima, akwa-akwa? *Do you know how to sew?*

Shack - Mkpọ: Ọkuku yiri akwa na mkpọ. *A chicken laid an egg in the shack.*

Shade – Ṅdo: Ṅdo na adi nma, ma aṅwu n'acha. *A shade is good when it is sunny.*

Shadow – Onyinyo: Nwata n'agbara onyinyo ya ọsọ. *The baby is running away from his/her shadow.*

Shake – Njaghari; [Ifufe isi; Meghari aru]: Ikwesiri ijaghari ọgwu ahu tupu iṅuọ ya. *You are supposed to shake that medicine before drinking it.*

Shame - Ihere: Ihere adighi ha n'anya. *They have no shame.*

Shape - Ọpipi; [Ụdi; Oyiyi]: Ọdi n'ezigbo ọpipi. *It's in good shape.*

Share - Oke: Onye ọbula nwere oke nke ya. *Everyone has their own share.*

Sharp - Nkọ: Nma nka di oke nkọ. *This knife is very sharp.*

Sharpen: Amu; [Iso ihe]: Je amu iru mma. *Sharpen the edge of the knife.*

Shatter - Kụwa: Efere akwụkwọ ndu akụwala/akụwago. *The green plate shattered.*

Shave - Kpuọ: Emelike kpuru afu ọnu ya. *Emelike shaved his beard/mustache.*

Sheaf – Ukwu: Ukwu nri ewu. *The Sheaf of grass is food for the goats.*

Shed - Nmkpọ: Achọ ruru nmkpọ igwe akwu. *Achọ built a shed for palm oil mill.*

Sheep – Aturu: Anu aturu di nma na ahu. *The sheep meat is good for the body.*

Shell - Okpokoro azu [Mbe]: Okpokoro azu mbe di ka ihe akwa kọrọ akwa kọ. *Turtle's shells look like it was sown together.*

Shell [crack a nut]: Iti akị. Biko bi'aka ayi tie akị. *Please, come let us shell the palm kernel nuts.*

Shelter – Ebe-nzuzo; Ize ndo/anwu: K'ayi zere anwu n'ukwu osisi. *Let's take shelter under the tree.*

Shelve - Iko: Ihe n'achọ n'ụko elu ka m huru na ụko ala. *What I am looking for in the top shelve I saw in the bottom shelve.*

Shepherd - Onye n'achi aturu: Ebel bu onye n'achi

aturu. *Abel was a shepherd.*

Shield - Ọta: Kraist bu ọta m. *Christ is my shield.*

Shift - Nnọghari: Biko nnọghari tu obele. *Please shift a bit.*

Shine - Muke: Ọnwa n'emuke. *The moon is shining.*

Ship - Ugbọ miri: Ugbọ miri nka buru ibu nke ukwu. *This ship is very big.*

Shipwreck -Ugbọ miri ikpu; Ugbọ Imebi n'etiti miri: Ugbọ miri ha ekpughị. *They did not experience a shipwreck.*

Shirt – Efe elu: Efe elu ulo akwukwọ nka amaka. *This school shirt is fine.*

Shiver – Ima jijiji [site n'oyi]: Ga yiri uwe oyi, ịna ama jijiji, site n'oyi. *Go and wear your sweater you are shivering from the cold.*

Shock – Nkuja: Omere nkuja oge ọhuru manwu. *He was shocked when he saw the masquerade.*

Shoe – Akpukpọ-ukwụ: Ndi Aba mara ka esi eme akpukpọ-ukwu nke ọma. *Aba people know how to make fine shoes.*

Shoot – Gba: Nna Nkoli gba gburu agu. *Nkoli's father shot a tiger.*

Shoot [sprout] - Ome: Ji nna nukwu kuru epuo la ome. *The yam our grandfather planted have grown/developed shoots.*

Short - Nkpunkpu: Olisa adighi mkpunkpu. *Olisa is not short.*

Shout – Iti Nkpu; Iti Nkpukpọ: Bia onye na eti

nkpu? *Come who is shouting?* [*See scream*]

Shove – Wezuga; Kwazu-ga: Wezuga ihe ahu. *Shove that thing.*

Show – Gosi: Mama ya gosiri ayi ngba-aka [uri-aka]. *Her mom showed us the ring.*

Shut – Mechie; Kwachi: Akachi mechie uzọ. *Akachi shut the door.*

Shy – Achaghari; Ihere: Keke adighi eme ihere. *Keke is not shy.*

Sibling - Nwanne nwoke; Nwanne nwanyi; Umu nwanne: Dike nwere ọtụtụ umu nwanne. *Dike has many/lots siblings.*

Sick: - Ọria; [Ahu adighi; Aru adirọ]: Ebere n'aria ọria. *Ebere is sick.*

Sick bed - Akwa ọria: Ọdighi onye n'ekpe ekpere ka ọnọrọ n'akwa ọria. *Nobody prays to be on a sick bed.*

Side – Akuku; [Nkọ-nkọ]: Le osisi di n'akuku ulo. *Look at the tree by side of the house.*

Siesta - Ura ehihie [Ula efife; ula ukoli]: Umu aka na arahu ura ehihie. *The children are taking their siesta.*

Sigh – Neze ume: Kedu ihe iji neze ume? *Why are you sighing?*

Sign [signature] - Tinye aka: Tinye aka n'akwụkwọ. *Sign the paper.*

Sign [post] – Ihe-iriba-ama

Signature - Itinye aka n'akwụkwọ: Amaecheta, ahurum n'ịtinyere aka n'akwukwo. *Amaecheta, I saw your signature on the paper.*

Silence – Du; Nkịtị: Unu nọdu du? *Did you people keep silent?*

Silly – Enweghi uche; [Nmegheri]: Ha n'eme ka umu aka n'enweghi uche. *The children are being silly.*

Silver - Ọla ọcha: Adaọra nwere mgbaka ọla ọcha. *Adaora has silver bracelet.*

Sin – Njọ: Njọ ajọka. *Sin is bad.*

Since – Mgbe; Nza['ghu]: Kedu ihe ị na eme mgbe aghu? *What are you doing since then?*

Sincere – Iru-abua nadighi; [Eziokwu]: Onyekwere, bu onye iru-abua nadighi. *Onyekwere is sincere.* [See truth]

Sing – Kwe-ukwe: Aṅulika, ịga ekwe ukwe? *Anulika, will you sing?*

Sister - Nwanne nwanyi: Nkọli bu nwanne nwanyi Chinedu. *Nkoli is Chinedu's sister.*

Sit - Nọdu ala; [Nọrọ ala/ani]: Nkechi nọdu ala ebea. *Nkechi sit down here.*

Six: - Isi: Abali isi ihe m n'echekwube ga abia. *In six days, what I am expecting will come.*

Sixteen - Iri na isi: Dozie di arọ iri na isi. *Dozie is sixteen years old.*

Sixty: - Iri Isi: Mazi Eze di arọ iri isi. *Mr. Eze is sixty years old.*

Size: Nha; [Ka ihe ha]: Kedu ka ọkụkọ ahu ha? *What is the size of the chicken?*

Skeleton – Ọkpukpu aru: Onye nkuzi ayi si ayi se' ọkpukpu aru madu. *Our teacher asked us to draw the human skeleton.*

Sketch - See the entry for draw.

Skill - Aka ọlu: Aka ọlu m bu igbakọ ọnu ọgugu. *My skill is adding numbers.*

Skin – Akpukpọ-aru; [aghu]: Kedu ihe ịna eri akpukpọ-aru gi ji ara nmanu? *What do you eat that your skin is glowing?*

Skip - Imafe/iwufe: Adaeze wu-fere ụdọ. *Adaeze skipped the rope.*

Sky – Eligwe: Chinedu sere eligwe. *Chinedu drew the sky.*

Skinny - Giri-giri: Nza ibi-doro ịlacha oloma nkirisi ịdị giri-giri. *Since you started taking lime you have become skinny.*

Skirt/dress - Uwe-mkpucha/Uwe: Nkemjika na eyi-kari uwe-mkpucha. *Nkemjika always wears skirt.*

Slam – Nkwa chi: Akwa chi na uzọ. *Do not slam the door.*

Slander – Akukọ ọjọ; [Nkwutọ]: Nneka adighi eso akukọ ọjọ. *Nneka do not slander.*

Slap – Iti aka; Ma ọla: Nne na nna ayi adighi ama ayi ọla. *Our mom and dad do not slap us.*

Slave – Oru; [Ohu/Odibo: Abum ohu Jisọs Kraist. *I am Jesus Christ's slave.*

Sleep – Ura: Ura na'tum. *I am sleepy.*

Slip – Gbuchapu; [Micha'ru]: Ekwe la ka akpukọ-ukwu nwa gbuchapu. *Do not let the baby's shoe slip off.*

Slit – Mgbọwa: Agbọwa udara nka. *Slit open this African apple.*

Slope - Mkpọ da ugwu: Ahia orie di na mkpọ da ugwu. *Orie market is on a slope.*

Slow – Nwayọ: Nnanna na agba kari nwayọ. *Grandpa always drives slowly.*

Slug - Ire mgbada: Ire mgbada enweghi ọkpọkọrọ azu ka ejule. *Slug does not* *have a shell like a snail.*

Small – Nta; Obere: Okoronkwọ na eri nri nta. *Okoronkwo eats a small serving/portion.*

Small intestine - Mgbili afọ: Ọ na asa mgbiri afọ anu. *He is washing the small intestine of the meat.*

Small pox – Akpasi: Akpasi adighi 'gba ugboro abua. *Small pox does not afflict a person twice.*

Smart – Ma-ihe ọtụtụ: Chinwe ma-ihe ọtụtụ. *Chinwe is smart.*

Smear: Tiyekwasi [spread]1st Tiyekwasi aja uhie na elu ulo. *Smear a red clay on top of the house.*
Ikwu-tọ [Speech]2nd Ndi nwere obi ọjọ na'kwu-tosi ndi madu. *People with evil heart smear people.*

Smell – Isi: Anam anụ isi abacha. *I can smell African salad.*

Smile – Mua-amu; Uli ọchi: Ka Chineke mukwasi-ayi-amu. *May God smile upon us.* **[(Ọchi – laugh]** Ugonwa gini na emegi ka ina achi ọchi nile? *Ugonwa what is making you to laugh like this?)]*

Smoke – Anwuru-ọku: Nku nka n'akwụ anwụrụ-ọku. *Smoke is coming out of this firewood. [The firewood is emitting smoke.]*

Smooth - Murumuru: Ofunne nwere akpukpọ aru di murumuru. *Ofunne have a smooth skin.*

Smuggle - Ibu ahia iwu: Ndi madu kwesiri ikwusi ibu bata ahia iwu. *People should stop smuggling banned goods.*

Snack - Nri mgbeọwu; Ihe ntaghari ọnu: Ogechukwu

zutara ihe ntaghari ọnu. *Ogechukwu bought snack.*

Snail – Ejula; [Ejune; Njune]: Ejula juru ahia ta. *There is a lot of snail meat in the market today.*

Snare – Ọnya: Itụ madu egwu bu ọnya. *To be afraid of anybody is a snare.*

Sneeze – Uzere: Oyi mere ka ịze uzere. *The cold made you to sneeze.*

Sniff – Kpọkwa ịmi: Kedu ịhe mere iji akpọkwa ịmi? *Why are you sniffing?*

Snob – Isi imi: Njide n'esi madu imi oge obula. *Njide snob people all the time.*

Snore - Ịgwọ ura: Gini na ebute ịgwọ ura? *What causes snoring?*

So – We; Ka gini we me: Ejere m obodo oyibo. Ọ ka gini we me? *I went abroad. So?*

Soak – Nede miri; Banye miri: Adaeze banyere akwa ya miri. *Adaeze soaked her clothes in water.*

Soap – Ncha: Nkeoma si na ncha ọna eme puta na agba ụfụfụ. *Nkeoma said the soap she makes foams.*

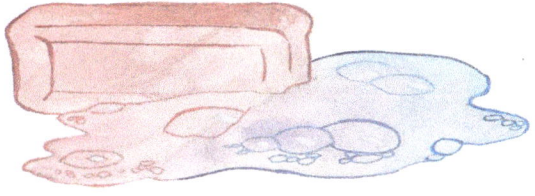

Sob - Kwa akwa: *See the entry cry.*

Sober – Manya ipu n'anya; Anya-ido; Ifo n'anya: Ude nwere anya-udo ugbua. *Ude is now sober*

Soft - Igba nro: Achicha a gbara nlo. *This bread is soft.*

Soil – Aja: Enwere aja ugwu-ugwu na ala. *There are lots of sandy soil in this land.*

Sold - Re: Ịna ere ose? *Are you selling pepper?*

Solider - Onye agha: Ndi agha bi na ulo ndi agha. *The soldiers live in the barracks.*

Sole - Obe-ukwu; [Obu-ukwu]: Amechi kedu ihe mere gi na obe-ukwu? *Amechi what happened to the sole of your feet?*

Solid – Siri-ike: Ntọ ala ulo ahu siri-ike. *The foundation of that house is solid.*

Solidify – Mkpukọ: Agidi imere a mkpukọ la. *The corn/maize pudding made has solidified.*

Solitary – Nani; Ikpa nake: Oko n' akpakari nani ya. *Oko walks solitary.*

Soluble - Gbariri: Ṅu n'agbari na miri. *Salt is soluble in water.*

Some – Ufọdu: Ufọdu ulo buru ibu. *Some houses are big.*

Sometime - Oge ọzọ: Ebele si oge ọzọ ka ọga abia. *Ebele said she will come sometime.*

Someway - Ụzọ ọzọ: Chidi kedu ụzọ ọzọ esi aga ebe ahu? *Chidi is there some way to get there?*

Somewhere – Otu-ebe; [Ofu-ebe]: Ogechi akpa gi di out-ebe na ime ulo. *Ogechi your bag is somewhere in the house.*

Son - Nwa nwoke: Ekeoma nwere nwa nwoke. *Ekeoma has a son.*

Song – Ukwe: Udo bia ka ayi kwere Chineke ukwu. *Udo come let us sing a song to God.*

Soon: - Mgbe; Nso-nso: Ezigbo ihe ga eme nso-nso a. *A good thing will happen soon.*

Soothe - Idaju: Sochi idajuru nwa akwa? *Sochi did you soothe the crying baby?*

Sorrow – Ihe-ngbu; [Ihe-mwuta]: Onwu nna ya bu ihe-ngbu. *The father's death is a thing of sorrow.*

Sorry – Wuta; [Ndo]: O wutara ha na ihe mere nu. *They are sorry for what happened.*

Sort - Họ hasi: Udokwu je họ hasia ji na ede. *Udokwu go, sort the yam and the cocoyam.*

Sought - Chọ: Na ihe nile, Nne chọrọ Ihu Chineke. *In everything Nne sought the Face of God.*

Soul – Nkpuru-obi: Chuka kedu ebe nkpuru-obi gi di. *Chuka where is your soul?*

Sound – Uda; [nkpu]: Anurum uda na ehihe. *I heard a sound in the afternoon.*

Soup – Ofe: Esiri m ofe egusi na onugbu. *I cooked egusi and bitter leave soup.*

Sour - Ụka; Igba ụka: Je si kwa ofe, ka ọghara igba ụka. *Go and warm the soup so it does not get sour.*

Source - Isi: Ogbonnia ebe ka isi miri nke' si? *Ogbonnia where is the source of this river?*

South - Ndida: Ha bu ndi ogbe ndida. *They are from the southern region*

Sow – Gha nkpuru: Agharam nkpuru ose. *I sowed pepper seeds.*

Spark: Icheke-ọku: Igwe ahu n'acheke-ọku. *That metal sparks.*

Speak – Kwu kwa; Gwa: Gé nti, ma nne n' nna gi n' ekwu okwu. *Listen when your mom and dad are speaking.*

Spear – Ube: Umu Izrel ji ube were alu agha mgbe gbo. *The people of Isreal used spear to fight in Biblical times.*

Special - Ihe diche: Nne Jisus Kraist nwere ihe diche na ebe ọnọ. *There is something special about The Mother of Jesus Christ.*

Species – Nkpuru ndu; Udidi ihe: Udidi ji a'maka. *This yam species is good.*

Spent – Mefusi; Itinye ego: Emejuru mefusiri ego ya na

ugbo ala. *Emejuru spent on his car.*

Spice – Uda: Ijiri uda were sie nri a? *Did you use spice to cook this food?*

Spider – Ududo: Ududo esigh'ike ma ọ n'aru ụlo ya na be eze. *Spiders are not strong but they build their homes in a king's palace.*

Spider web - Ọnya-kuru ududo: Were aziza we za pu ọnya kuru ududo. *Use the broom and sweep out the spider web.*

Spill: Wusi; [Kwa fue/ghu]: Hi-chapu miri wusiri na oche. *Wipe the water that spilled on the chair.*

Spine – Ọkpukpu-azu: Ọ gbaji ghi ọkpukpu-azu ya. *He did not break his spine.*

Spinal column – Okolo azu: Dọkita si n' okolo azu ya adi la nma. *The doctor said his spinal column has healed.*

Spirit – Muọ: Ọdighi onye dika Muọ Nsọ Chineke. *There is nobody like the Holy Spirit of God.*

Spit – Gbasa; Gbupu: Ọji nka bu sọ ilu, mgbasa ya na ebo miri. *This cola nut is bitter, I spit it out in the sink.*

Spittle – Ọnu-miri; Asọ: Hicha ọnu-miri nwa. *Wipe out the new baby's spittle.*

Splendor – Ebube; Nsọpuru: Ebube Chineke amaka. *The splendor of God is beautiful.*

Spoil – Mebi: Eri la ihe ọbula mebiri emebi. *Do not eat anything that is spoilt.*

Sponge – Asisa: Chiọma were asisa we sa nwa ahu. *Chioma take the sponge to bath the* *baby.*

Sponsor – Onye nkwado: Kedu onye n'akwado gi? *Who is your sponsor?*

Spot – Ntupọ: Nwa aturu nka enweghi ntupọ. *This lamb has no spot/is spotless.*

Spout - Ọnu ihe: Ọnu ite otu nke a di nma. *The spout of this wine jug is good.*

Spray - Igba: Ulọma gbara ọgwu anwu na ulo. *Uloma sprayed the mosquito killer in the house.*

Spread – Gbasa: Gbasa ji-akpu. *Spread the shredded cassava.*

Spring - Isi miri: Nge-eze bu isi miri. *Nge-eze is a spring.*

Squeeze – Nuba; [Nkpakọ]: Efe adighi na ime ugbo ala, ayi we nuba. *There is no space in the car, so we squeezed ourselves.*

Stand – Kwuru ọtọ: Bia kwuru ọtọ. *Come and stand up.*

Standard – Ọkọlọtọ: Bulie ọkọlọtọ n'uzọ ọwuwa anyanwu. *Raise a standard towards the East.*

Star - Kpakpando: Kpakpando aputara na elu igwe. *The stars have come out in the sky.*

Stare - Il'ezi anya: Ọdi ghi ma ịl'ezi anya. *It is not good to stare.*

Statement - Okwu okwuru: Okwu okwuru di nma. *The statement he made was good.*

Stay - Nọdu; [Nọrọ]: Iga'nọdu? *Are you staying?*

Steal – Zuo: Izu ohi bu njọ. *To steal is a sin.*

Steam – Anwuru-ọku; [Uzu ọku]: Ifunaya kwughe ite ofe ka uzu ọku puọ. *Ifunanya, open the pot to let the steam out.*

Steep: - Nkputanpku: Ugwu di be ayi di nkputankpu. *The hill in our place is steep.*

Stem - Ukwu osisi: Ebele ji ukwu osisi we nọrọ na ubi akwụkwọ nri. *Ebele is sitting on the stem in the vegetable garden.*

Step: - Nzọ ukwu. Chineke ma nzọ ukwu mmadu dum. *God knows everyone's step.*

Stew - Ofe osikapa: Mama ayi na esi ofe osikapa iri cha itabie aka. *Our mom cooks stew that you eat and bite your fingers [the stew is sumptuous].*

Still – Idelu/idalu ju [emeghalina aghu/aru]: Mgbe Chineke ga e bini ebe nile ga ede lu ju. *When God rises every place will be still.*

Sting – Gba; [Igba]: Chinenye si na ọghu tula onye anwu gbara. *Chinenye said she has seen someone who got a sting by a bee.*

Stir – Kpagha: Ada kpagharia ofe egusi na ọku. *Ada stir the egusi soup on the fire/stove.*

Stitch - Kwa-chie: Awele ma'kwa-chie uwe. *Awele knows how to stitch cloths.*

Stomach – Afọ: Afọ anaghi zi aru nwata. *The child does not have stomach ache any more.*

Stone – Nkume; [Okwute]: Eji nkume ewu/aru ulo. *Stone is used in building houses.*

Stool: Ihe-ngbakwasi-ukwu; [Nwa oche; Obele oche]: Obi

kedu ebe ihe-ngbakwasi-ukwu gi di. *Obi where is your stool?*

Stoop – Ruru ala; Itu kwu: O ruru ala mgbe egwuru-egwu. *She stooped during the game.*

Stop – Gbochi; Kwusi: Kwusi egwuru-egwu ahu. *Stop that game.*

Storage - Ebe ana edobe ihe: Dobe agwa ahu ebe ana edobe ihe, ka o ghara imebi. *Keep the beans in the storage so it does not spoil.*

Store – Debe; Dokwa ihe; Kwakọba; Chikọbata: Dokwa ji ahu ọfuma. *Store the yam well.*

Storm – Oke ifufe: Oke ifufe miri ebighi ulo ha. *The storm did not destroy their house.*

Story – Akukọ: Ọna n'akọta akukọ ọfuma. *Ona is a good story teller.*

Stove - Eku akwu-kwa; [Eku ọku]: Were eku ọku we sie nri abali. *Use the stove to cook dinner.*

Straight – Gbazi: Gbazi e aka gi. *Keep your hands straight.*

Stranger - Onye ọbia; [Ndi ọbia]: Ndi obodo ha n'anabata onye ọbia. *His community welcomes strangers.*

Strap – Eriri: K'eriri akpupkọ-ukwu gi ofuma. *Take you shoe strap and tye it well.*

Strategy: - Ndum-ọdu iji m ihe. Nnam nwere ezigbo ndum-ọdu iji ruọru. *My dad has a good strategy for work.*

Stream – Iyi: Kanyi ga chute mmiri n'iyi. *Let's go and fetch water from the stream.*

Street - Ezi ama; Okporo Uzọ: Kedu okporo esi aga be gi. *Which street leads to your house?*

Strength – Ike; [Ume]: Chineke n'enye umu Ya ike iji fe Ya. *God gives His children the strength to worship Him.*

Stress – Ihe ndogbu; Aru Nmgbaka; [Oke egwu]: Ọnaghi adi nma ihu Ogechukwu m'aru n'agbaka ya. *Is not good to see Ogechukwu when she is stressed.*

Stretch – Setipu; [Gbatipu; Gbasapu]: Gbasapụ aka gi. *Stretch your hands.*

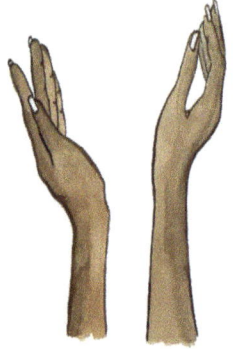

Strife – Ise-okwu; [Onuma]: Ise-okwu adighi nma. *It is not good to strife.*

String - ụdọ: Were ụdọ wee kedo ji n'ọba. *Use a string to tie the yam in the barn.*

Strip [remove] – Yipu; Kpecha: Kpecha osisi ahu, ọbu ezigbo ọgwu. *Strip the bark of that tree, it is medicinal.*

Strong – Isi-ike: Ogbonnia siri-ike. *Ogbonnia is strong.*

Structure: - Okpukpu Mgbidi; [Iwu-iwu]: Onyekachi ruru mgbidi a. *Onyekachi built this structure.*

Student – Nwa akwukwọ: Nwa akwukwọ n'akwado ule. *The student is preparing for examinations.*

Study: Igu akwukwọ; [Igu ife/ihe]: Umu akwukwọ n'agu akwukwọ maka ime ọfuma n'ule. *Students study to pass their examinations.*

Submit – Rube isi: Ọ di nma irubere nne na nna anyi isi. *It is good to submit to our parents.*

Stubborn – Nupu isi; [Ịgba isi akwala; Nkachi nti; Nti ike; Nkpọchi ntì]: Ọ buru na odibo gi n'enupu isi, ị kwu-kàta okwū ike agwụ gi. *If your helper is stubborn, you will be worn-out with talking.*

Subtract – Wepu: Wepu ube na asa na nkata [ekete]. *Subtract seven African pears from the basket.*

Success - Ihe iga nke-ọma: Ihe n'agaram nke-ọma. *I have success on all the projects.*

Such: Ihe dika: Enwere udi ulo di iche iche dika ulo elu. *There are different types of houses such as storey buildings.*

Suck – Ọ-miri; Imiri; Imicha]: Nwa na'miri oroma. *The baby is sucking the orange.*

Sudden – Mberede; [Ntụmadị]: Ije Ekemezie bu ihe mberede. *Ekemezie's trip was sudden.*

Suffer - Ita afufu; Aghughu: Onye ọbula aha-pughi ihe ọjọ, ga-ata aghughu, ma ọ bụrụ n'onye aghu ahapughi ihe ọjọ. *Any person will suffer in future if he or she does not abandon his or her bad behavior.*

Sufficient - Zue: Oke nwere ezuerem. *What I have is sufficient for me.*

Sugar - Nnu oyibo [see sweet]: Eji nnu oyibo eme ihe onùnù di iche iche. *Sugar is used in making different drinks.*

Suggest - Alo: Umunna ayi tinyere alo ka ayi chefuo okwu ahu. *Our kinsmen suggest we forget about the matter.*

Suitcase - Igbe akwa; [Akpati]: Uzọ kedu ihe ijiri buru akpati n'isi? *Uzo why did you carry your suitcase on the*

head?

Sulk - Igbaru iru: Gịni melụ iji a gbalu iru? *Why are you, sulky?*

Sun – Anyanwu: Anyanwu na-enye uwa ihe/ife. *The sun illuminates the world.*

Sunday - Ubọchi uka: Ta bù ubọchi uka. *Today is Sunday.*

Sunrise - Ọwuwa anyanwu: Ọ na ebili n'ura tupu ọwuwa anyanwu. *He wakes up from sleep before sunrise.*

Sunset - Ọdida anyanwu: Ayi ga ezukọ n' ọdida anyanwu. *We will meet at sunset.*

Superior – Ka-nma; Ọkịka: Nkume ka-nma iji ruọ ulo karia aja ụpa. *Stone is superior to clay in building a house.*

Supper – Nri-anyasi; [Abani; Abali]: Ha jiri ede were mere nri-anyasi. *They ate cocoyam for supper.*

Support – Naghide; [kwado]: Ijeọma naghide ndi otu ayi oge ọ bula. *Ijeoma supports our group all the time.*

Suppose – Eleghi anya; [O bulu na]: Eleghi anya Chika abiaghi dika osiri kwuo. *Suppose Chika did not come as he said.*

Supreme - Kachasi Elu: Chineke Kedu Kachasi Elu. *God is Supreme above all.*

Sure – Mara [Eji n'aka]: A'mara na bilitere na elekere isi. *I am sure you woke up at six o'clock.*

Surface - Na elu; Ịse na enu: Osisi kpọrọ nku na ese n'enu miri. *Dry stick/wood floats on the surface of creek/water.*

Surprise - Itu n'anya; [Ojuru ya anya]: Ekeọma mere nke ọma na ulo akwukwọ, ọturu nde be ha n'anya. *Ekeoma did well in school, it surprised her family.*

Surname: Aha nna [Afa nna]: Aha nna ha bu Okoro. *Their surname is Okoro.*

Surpass - Kariri: Ayi kwesiri ikari ha n'asum mpi a. *We are supposed to surpass them in this competition.*

Surrender – Pukuru; [Ichini aka na elu/enu; Inye fe onwe]: Ichọ ezi ndu, pukuru Chineke n'aka. *If you want a good life, surrender your life to God.*

Surround – Gburugburu; [Okilikili; Gbulugbulu]: Miri gbara obodo ha gburugburu. *Their village is surrounded by water.*

Survey – Ile bara ihe anya; Inyocha ihe: Ha nyochara ọwa miri ahu ka amara ebe isi ya di. *They surveyed the water course in order to find out the source.*

Swagger – Ije nganga: Ọ na eje ije nganga. *He is walking with swagger.*

Swallow – Lo [No]: Achọrọ m nri m ga eloda. *I want a meal I can swallow.*

Swap [exchange] - Gba Nworo; [Nwolu]: Obiọha ji ụgbọ ala ya were gba nworo ọzọ. *Obioha swapped his car for another.*

Swarm – *see swim*

Swear - Ṅu iyi: Ị̇ nwelu ike ṅu iyi? *Can you swear?*

Sweat – Ọsusọ: Ekpom ọku n'eme onye ọ bula'na esu ọsusọ. *The heat is making everyone to sweat.*

Sweating - Ita ọsusọ; [Igba ọsusọ; Esu ọsusọ]: Nkemjika agbara ọsọ, were nata nukwu ọsusọ. *Nkemjika ran, she is sweating too much.*

Sweater – Uwe oyi [Nwi oyi; Efe oyi]: Bia yiri uwe oyi. *Come and put on a sweater.*

Sweep – Kpochapu; [Za; Za cha]: Bia kpochapu akirika nka. *Come and sweep away this dry grass.*

Sweet - Uto: Manyi nka di uto. *This drink is sweet.*

Swell - Iza; [Iza aza]: Ukwu Chimdi dika ihe ga aza-aza. *Chimdi's legs looks like it will swell up.*

Swift – Ngwa: Egbe ji ngwa were buru nwa ọkukọ. *The eagle snatched the chick swiftly.*

Swim – Igwu miri: Ikenna mara egwu miri. *Ikenna knows how to swim.*

Swirl: - Chighari gburugburu: Chichi ma k'esi achighari gburugburu. *Chichi knows how to swirl around.*

Sympathy – Nwute obi; [Omikọ]: Enwere m obi nwute oge nne ya nwuru. *I had sympathy for him when he lost his mother.*

T

Table – Mgbodo: Akachi doziri mgbodo ka ayi were rie nri. *Akachi set the table so we may eat.*

Tablet [medicine] – Nkpuru ọgwu: Chijioke n'ere nkpuru ọgwu. *Chijioke sells tablets.*

Tadpole – Akiri: Akiri juru miri. *There are tadpoles everywhere in the water (creek/stream).*

Tail – Ọdudu: Ọdudu ngwere nka di ogologo nke ukwu. *The tail of this lizard is too long.*

Tailor – Onye n'adu akwa: Odera nwere ndi n'adu akwa. *Odera have tailors.*

Take – Were: Nkemjika bia were azụ. *Nkemjika come and take fish.*

Talent - Akara aka: Onyeabo nwere ezigbo akara aka. *Onyeabo is talented or*

Onyeabo is gifted with a good talent.

Talk – Ikpa uka; [Ikwu okwu]: Kamto ga ekwu okwu n'ulo akwụkwọ ha echi. *Kamto will give a talk in their school tomorrow.*

Talkative – Onye n'akpa oke uka; [Onye oke okwu; Onye ekwulekwu]: Odighi nma ibu onye nkpa oke uka. *It is not good to be a talkative.*

Tall – Ogologo: Di ọpara ya di ogologo. *His first son is tall.*

Tame – Imeju anya: Ọn'adim nma imeju anya ire. *It is good to tame the tongue.*

Task – Ọlu: Ọlu ekenyere gi di nma. *The task you were given is good.*

Taste – Idetu ire; [Ide n'ile; Ine ne ka ihe si atọ]: Detu ire na ofe. *Taste this soup.*

Tasteful - Nri utọ: Osikapa isiri tọrọ utọ nke ukwu. *The rice you cooked is very tasteful.*

Tear – Dọka: Dọka akwukwọ ndia. *Tear these papers.*

Tears - Anya miri: Nkiru fichara anya miri ya. *Nkiru wipes her tears.*

Telephone – Igwe eji ekwu okwu; [Akara ekwe nti]: Mgbiri mgba igwe eji ekwu okwu n'aku. *The telephone is ringing.*

Tell – Gwa: Gwa umu aka ka ha n' erube nne na nna ha isi. *Tell children to obey their parents.*

Temper – Obi ọku; [Onye iwe]: Nkasi abughi onye obi ọku. *Nkasi is not hot temper.*

Temptation – Ọnwunwa: Ọnwunwa n'abiara onye ọ bula. *Temptation comes to everyone.*

Ten - Iri: Chiọma di arọ iri. *Chioma is ten years old.*

Tenant - Onye bi n'ulo akw'ugwọ: Uzọchi bi n'ulo ọna akw'ugwọ. *Uzochi is a tenant where she lives.*

Terminate: Kwusi; [Ibi ihe, Obibi]: Ha enweghi ike kwusi Obiajuru na olu. *They could not terminate Obiajuru at his work place.*

Terrible - Ihe ojo; [Ihe di egwu; Nkpa-nkpa kpara]: Ihe ojo mere ndi ojo. *A terrible thing happened to those wicked people.*

Test - Ule; [Imara ka ihe di]: Umu aka n'ele ule. *The children are taking a test.*

Test – Mara ka ihe di: Obi lere ugbo ala ahu mgbe aruchara ya olu. *Obi tested that car after it was worked on.*

Testimony – Agba ama [Ikwu maka ihe ima; Ihe mere nu; Akuko Ogba ama]: Onye isi ha ga agba ama ihe mere nu. *The manager will give a testimony of what happened.*

Thank – Ekele [Imela; Dalu]: Kenechukwu nara ekele n'ihe imere. *Kenechukwu, accept my thanks for what you did.*

Thanksgiving – Onyinye Ekele; [Itu ma-ma]: Ayi ga aturu Chineke onyinye ekele oge nile. *We will offer thanksgiving to God all the time.*

That – Ahu: Gini bu nke ahu? *What is that?*

Theft – Ori; [Ohi]: Ori ajoka. *Theft is bad.*

Their – Ha; [Fa]: Oji nka bu nke ha. *This cola nut is theirs.*

Them – Ha [Fa]: Nke a bu nke ayi, nke a bu nke ha iwere. *This is ours; this is for them to take.*

Then – Oge ahu: Ndi a biara, oge ahu Kenechi wetara achicha bekee ka ha ta. *These people came then Kenechi brought biscuits/cookies for them to eat.*

There - Ebe ahu: Miri zoro ebe a, ma ozoghi ebe ahu. *It rained here but it did not rain there.*

They – Ha: Ha ga abia abali asa n'abia. *They will come in the next seven days.*

Thin - Ita arụ; [Ita ahu]: Iyara ahu? Itara ahu. *Were you sick? You are thin.*

Thing - Ihe: Gini bu ihe a? *What is this thing?*

Think – Eche echiche: Ọdi nma ina eche echiche tupu ikwuo okwu. *It is good to think before you talk/speak.*

Third – Nke atọ: Adaọra gbara onye nke atọ. *Adaora came third.*

Thirsty - Akpiri ikpọ nku; [Miri igu]: Akpiri kpọrọ ya nku. *She is thirsty*

Thirteen – Iri na atọ: Ada m nwanyi di afọ iri na atọ. *My first daughter is thirteen years old.*

Thirtieth – Onye nke iri atọ: Juachi bu onye nke iri atọ. *Juachi is the thirtieth person.*

Thirty – Iri atọ: Nna ya di afọ iri atọ. *His dad is thirty years old.*

This – Nka: Onye nyere ayi nka? *Who gave us this?*

Thorn [thistle] – Ogwu: Ogwu juru ọhia. *The bush/forest is full of thorns.*

Though - Ọ bụrụ go du; Ọ bu ezie na; Ọ di ka: Ọ bụrụ godu na ha hiri nne aga m enwe ike ịkpata nri ga ezuru ha. *Though they are many I will be able to provide food that will be sufficient for them.*

Thought – Che; Echiche; Chere; Asirim: Ginika kedu ihe ichere? *Ginika what is your thought?*

Those - Ndi ahu: Nchekwube ndi ahu bu nke gi. *Nchekwube those are yours.*

Thoughtfulness - Iche maka ndi ọzọ: Iche maka ndi ọzọ bu ezigbo agwa. *Thoughtfulness is a virtue.*

Thoughtless – Echeghi echiche: Judas Iskariot, adighi eche echiche. *Judas Iskariot is thoughtless.*

Thousand - Nnu/Puku: Ala eji aru ulo akwukwọ dara puku abuọ. *The land to build the school is two thousand.*

Thread – Ogho; Owu; Eriri: Chinaza kere isi owu. *Chinaza plaited her hair with thread.*

Threat – Iyi egwu/ụjọ: Ọ bu gini bu nka, ina aba-nba iyi egwu? *What is this that you are threatening?*

Three – Atọ: Abali atọ ka ọfọrọ Udo bia. *It remains three days for Udo to come.*

Thrifty: Ikpi mkpi: Ọwughi oge nile ka ikpi mkpi di nma. *It is not good to be thrifty all the time.*

Thrill - Ṅuria; [Obi utọ]: Gini mere Ada ji a ṅuri? *What happened thatAda is thrilled?*

Throne – Oche-eze: Onye nọ n'oche-eze n' Arọchukwu? *Who is on the throne in Arochukwu?*

Through – Gafe; Jezuọ: Esi m be ha gafe. *I went through their house.*

Throw – Tuba; [Tuọ]: Chiọma tuba m bọl na ulo. *Chioma throw the ball into the compound for me.*

Thrust – Kwapu; Tupu; : Kwapu ụta gi. *Thrust out your arrow.*

Thumb - Ọnu-ọnu nti aka; [Isi mkpuru aka]: Mbọ ọnu-ọnu nti aka Ejiaka di ka nke papa ya. *Ejiaka's thumb nail is like his dad's.*

Thunder – Egbe-elu-igwe: Egbe-elu-igwe na atu umu aka egwu/ujọ. *Thunder frightened children.*

Tidy – Dozie: Amaka dozie akwa nwa. *Amaka tidy up the baby's bed.*

Tiger – Agu: Odum n'egbu agu. *The lion kills a tiger.*

Tight –Ntado; Ikpa-akpa: Uwe Adanna akpaghi ya akpa. *Adanna's clothes are not tight.*

Till - Rue; Ruo: Nebedum ka rue oge ọzọ. *Nebedum till next time.*

Time – Oge: Oge Ada abia la. *Ada's time has come.*

Time keeper - Onye n'edobe/edowe oge: Nwakaego bu onye n'edowe oge n'ulo akwukwọ ha. *Nwakaego is the time keeper in their school.*

Timid – Itu egwu; Itu ujọ: Nwa Chineke ekwesi-ghi itu egwu. *A child of God should not be timid.*

Tin – Gbamgbam; [Kom-kom]: Eji ghi m kom-kom esi mai-mai. *I do not use tin cans to cook moi-moi.*

Tiny – Nta; [Mulimu; Kịlịkịlị; Nwa obele/Nwa obere]: Sọpuruchi huru ngwere nta. *Sọpuruchi saw a tiny lizard.*

Tip: - Onụnụ[1]; Mekwa[2]: Oke ahu bi n'onụnụ mgbidi/aja[1]. *The rat lives at the tip of the wall.* Ọ sina ya agaghi ana ma ọ bụrụ na ha emekwatara ya[2]. *He said he would not go if they did not tip him well.*

Tired – Ike gwuru; [Ike ọgwugwu]: Ike anaghi agwu Tobenna ọsịsọ. *Tobenna is not tired easily.*

Title - Ọkwa: Papa Chinedu nwere ọkwa ọhuru.

Chinedu's dad have a new title.

Toad – Awọ: Anaghi m eri awọ. *I do not eat toad.*

Toe – Isi-ukwu nke ukwu; [Isi-mkpuru ọkpa; nkpisi-ukwu]: Ọnya isi-ukwu nke ukwu n'afu ufu. *A wound in the toe is painful.*

Today – Ta: Otitio dili Chukwu ubọchi ta amaka. *Glory be to God today is beautiful.*

Together – Chikọta; [Me kọta]: Ndi nkuzi chikọtara umu akwukwọ ọnu. *The teachers gathered the students together.*

Toil – Ndọgbu: Chineke goziri ndọgbu Nneka. *God blessed Nneka's toil.*

Toilet – Ogwe: Nkasi si na ogwe puta. *Nkasi came out from the toilet.*

Tomorrow – Echi: Chineke ma ihe ga eme echi. *God knows what will happen tomorrow.*

Truth – Eziokwu: Eziokwu bu ndu. *Truth is life.*

Tongue – Ire: Irem ga ekwu eziokwu. *My tongue will speak the truth.*

Tonight – Abalita: Ayi nwere ọgbakọ abalita na ulo Uka. *We have a meeting tonight at the Church.*

Tool – Ngwa olu: Uchechi nwere ngwa olu. *Uchechi has tools for his work.*

Tooth – Eze: Eze umu akam mara nma. *My children's teeth are good.*

Top – Elu: Rigoro na elu ugwu. *Climb the top of the hill.*

Topic – Isi Okwu: Isi okwu akwukwọ bum aka ide asusu Igbo. *The topic of the book is about writing in Igbo language.*

Tortoise/Turtle – Mbe 1st he; Anim 2nd she. Akukọ Mbe na Anim na atọ utọ. *The* story about tortoise is enthralling.

Toss - Tua; [Wụọ]: Tua ya na elu igwe. *Toss it into the sky.*

Total - Ngukọta: Agukọtaram ha dum. *I counted the total of them.*

Touch – Metu: Aka Chineke meturum. *God's Hands touched me.*

Tough – Siri-ike: Nri ji nka e sighi ike. *This pounded yam is no tough.*

Tour – Naghari Obodo; Ngaghari Ije. Pọl gaghari obodo di iche iche. *Paul toured different cities*.

Towel – Akwa Aneji hicha aru; [Akwa miri]: Amaka zutara Mama ya akwa aneji hicha aru. *Amaka bought a towel for her mother.*

Town – Obodo [See City]:

Toy – Ihe eji egwu-egwu: Gotere nwa Chinyere ihe eji egwu-egwu. *Buy Chinyere's child a toy.*

Trade - Izu aghia: Ihuọma na azu aghia na aghia Ọchanja Ọnicha. *Ihuoma trades in Ochanja market in Onitsha.*

Trade mark – Ihe Ruba Ama:

Tradition – Ozizi; [Ome Na Ala]: Ozizi

Train - Ugbọ Ala n'agba n'okporo Igwe. Nde na achi obodo ayi ga eweta ugbọ ala n'agba n'kporo igwe. *Our leaders will bring train into the State.*

Transfer – Gabiga: Ọchichi si na be Sọl gabiga be Devid. *Rulership transferred from the house of Saul to the house of David.*

Transform – Gemeghari: Nde otu umu nwanyi ga emeghari obodo. *The women's club will transform the society.*

Trainsient – Nadiru nwa oge: Ihe uwa nadiru nwa

oge, ma ihe nke Elu-Igwe na di rue mgbe ebighi-ebi. *The things of the world are trainsient but the things of Heaven are eternal.*

Translate - Sugharia: Ayi na amu ka esi asugharia asusu Bekee. *We are learning how to translate the English language.*

Transparent – Nahu uzọ: Enwere enyo nahu uzọ na ulo Uka. *There is a transparent glass at the Church.*

Transport - Ugbọ-ala: Eke DiliChukwu bu aha ugbọ-ala n agba na obodo ayi. *Eke DiliChukwu is a name of transport company that operates in our country.*

Travel - Ije: Ina eje obodo oyibo? *Are you travelling abroad?*

Treasure - Aku: Chineke na enye aku na digi de. *God gives treasure that lasts.*

Treat - Me: Soro Chigọ je, ọ geme gi nma. *Follow Chigo he will treat you well.*

Tree – Osisi: Adaku kuru osisi aki bekee na ama. *Adaku planted coconut trees in the front yard.*

Tribute – Utu: Ayi na kwu utu na arọ. *We pay tribute per year.*

Trick - Ghọgbu: Onye na ghọbu madu na ghọgbu onwe ya. *Anyone who tricks others is tricking himself or herself.*

Triumph - Ṅuria ọṅu-agha: Iga ṅuri ọṅu-agha na ebe ndi-iro gi. *You will triumph over your enemies.*

Troop – Ndi Usu: Ayi nwere usu ndi-agha. *We have troops of soliders.*

Trouble – Nkpagbu; Ọgba-aghara; Ahuhu; Nsogbu: Ike Chukwu ga azọputa ayi na ọgba-aghara ọbu-na. *The power of God will deliver us from any trouble.*

True – Ezi-okwu: Mazi Obioha bu onye ezi-okwu. *Mr. Obioha is person of truth.*

Trust – Tukwasi obi: Sọ Chukwu ka ikwesiri i tukwasi obi. *Only in God, you should put your trust.*

Try – Anwa: Biko a ṅwa kwa n'am. *Please, do not try me.*

Tummy - Afọ: See Stomach.

Turkey – Torotoro: Torotoro n'ada oke ọnu oge Krisimas. *Turkeys are very expensive during the Christmas Season.*

Turn – Tugharia: Tugharia anu di na ọku. *Turn the meat in the fire.*

Tutor – See Teacher.

Twelfth – Onye Nke Iri-na-abua. Ikechi gbara onye nke iri-na-abua

Twelve – Iri-na-abua: Ọdi ọnwa iri-na-abua na arọ. *There are twelve months in a year.*

Twenty – Iri Abua: Ifunanya nyere Osisiọma ede iri abua. *Ifunanya gave Osisioma twenty cocoyams.*

Twice – Ugboro abua: Chinyere biara ugboro abua. *Chinyere came twice.*

Twine - Ụdọ: See Rope

Twins – Ejima: *Ada muru ejima.*

Twig – Alaka Osisi: See branch

Two – Abua: Ọsọndu nwere umunne abua. *Osondu have two siblings.*

Two-way – Okporo Uzọ: Okporo uzọ esi eje agha gbara abua. *The road to the market is a two-way street.*

Type – Ihe-atu; Udiri: OnyinyeChukwu na NkeChinyere yi udiri uwe Adannaya. *OnyinyeChukwu*

and NkeChinyere wore Adannaya's type of cloth.

U

Ugly – Njọ; Ajoka: Ọbọgwu nka 'joka. *This duck is ugly.*

Umbrella - Nche miri [mili]: Udoka je agha zuta nche miri. *Udoka, go and buy umbrella in the market.*

Under – Okpuru [Okpulu]: Akpukpọ ukwu gi di n'okpuru oche. *Your shoes are under the chair.*

Underground: Okpuru ala; [Okpulu ana]: Na ike nke Chukwu ayi ga enwe okpuru ala ebe ugbọ igwe n'agba. *By God's grace we will have underground train.*

Uncle - Nwanne nna; Nwanne nne: Nwanne nne m n'alu nwanyi. *My uncle is getting married.*

Understand – Mara; [Ighọta]: Ebube, i mara ihe m kwuru? *Ebube, do you understand what I said?*

Undertake – Weghara [Weghala; Bulu n'isi]: Ejike weghara iruzi uzọ. *Ejike undertook to repair the roads.*

Underwater –Ime miri; [Okpuru miri]: Ebere na eje na ime okpuru miri igbu azu. *Ebere goes underwater to fish.*

Unemployment – Enweghi ọlu [Ọru]: Ayi adighi enwe, ndi n'enweghi ọru. *We do not have people with unemployment.*

Unexpected – Mberede; [Eleghi anya; Atuwaghi anya; Ihe ntụmadi]: Ọ bibia

Chikọdi bu ihe mberede. *Chikodi came unexpected.*

Unfair - Adighi nma: Papa ayi achọghi madu ime ihe adighi nma. *Our dad does not like people to treat others unfairly.*

Unfit - Ekwesighi: Eze ekwesighi ya. *He is unfit to be king.*

Unify – Ichikọta; Me ihe ka ọburu otu; [Mkpọkọlita; Ikpọkọta; mkpakọta; Ijikọ aka/ọnu; Ibia kọta ọnu]: Chinwe chikọtara ndi ulo ọlu ha. *Chinwe unified her collegues.*

Uninvited – Akpọghi onye: Akpọghi onye n'egwu ọwuru eje. *Someone who goes to an event uninvited.*

Unique –Enweghi oyiri; [Eweghi ihe dika]: Uwe Ugonwa enweghi oyiri. *Ugonwa's dress is unique.*

Universal - Zuru uwa; [Ọra]: Ukwe bu otu asusu zuru uwa. *Music is a universal language*

Unknown – Amaghi: Okoronkwọ si na ọmaghi onye dere abu ahu. *Okoronkwo said he does not know the author of the hymn.*

Unlike – Adighi ka; [Ọdighi ka]: Ebube si n'ụgbọ elu n'eru ebe ọna eje ọsisọ, adighi ka ụgbọ miri. *Ebube said airplanes gets to its destination faster unlike ship.*

Unload – Ikwapu Ibu; [Ibu da ibu]: Odili bia kwapu ibu. *Odili come and unload the load.*

Unlock – Kpọghe; [Kpọpe]: Chineke akpọnghere m uzọ. *God has unlocked the way for me.*

Unmarried – Anọghi n'ọnọdu di na nwunye: Chinenye nwere umu nwanne n'anọghi n'ọnọdu di na nwunye. *Chinenye has siblings that are unmarried.*

Unnumbered – Agughi igu ọnu; [Adighi iguta ọnu; Agutaghi ọnu]: Oche di n'ama Ekwedike agughi ya ọnu. *The chairs at Ekwedike's compound are unnumbered.*

Unpack – Kwa puta: Adaeze bia kwa puta akpa. *Adaeze come and unpack the bag.*

Unpaid – Akwughi ugwọ: Ncheta si n'akwughi ugwọ ose, je kwuọ ya. *Ncheta said the pepper is unpaid for, go and pay for it.*

Unprofitable – Abaghi uru; [Ighọ ahia; Uru adighi]: Biko azula ahia n'abagi uru. *Please, do not go into a business that is unprofitable.*

Unpredictable – Adighi nkọta; [Akọta nwughi]: Ihe ọna eme adighi nkọta nwu. *What he does is unpredictable.*

Unprepared – Akwadebeghi; [Akwadoghi]: Nne na nna ayi gwara ayi si ayi na adi nkwadebe oge nile, karia akwadebeghi. *Our parents told us to be always prepared instead of being unprepared.*

Unquestionable - Adighi ajukwa aju: Adighi ajukwa aju, Chineke kachasi ike. *It is unquestionable God is most powerful.*

Unreliable – Ekwesighi itukwasi obi; [Atukwasighi obi]: Ndi okwu asi ekwesighi ntukwasi obi. *Liars are unreliable.*

Unrest – Ọgba aghara: Adighi enwe ọgba aghara n'obodo ayi. *We do not have unrest in our hometown.*

Unripe – Achaghi acha: Uzọma adighi ata ube achaghi acha. *Uzoma does not eat unripe pear.*

Unsanitary – Adighi ọcha: Akwọghi aka eri nri, bu adighi ọcha. *To eat with unwashed hands is unsanitary.*

Unsatisfied - Adighi eju afọ; [Afọ ejughi]: Afọ adighi eju ndi anya ukwu. *Greedy people are always unsatisfied.*

Unseal – Meghe; [Ntọghe]: Okwudiri meghe ngwugwu ahu. *Okwudiri unsealed that package.*

Unseat – Iwepu n'ọkwa: Onye amaghi achi, kwesiri wepu ya n'ọkwa. *Anyone who does not rule well should be unseated.*

Unseen – Adighi-ahughi; [Afurọ-anya]: Ihe gbasara elu igwe, adighi-ahu ya anya. *Anything about heaven is unseen.*

Unselfish – Adighi achọ nke onwe ya: Ọna adi nma, madu adighi achọ sọ nke onwe. *It is good for people to be unselfish.*

Unsettle – Amaghi nọdolu: Uchechi amaghi nọdolu n'ebe ọkwa jere ọhu. *Uchechi is unsettled in her new place.*

Unskilled – Amutaghi; [Enweghi/Amaghi aka ọru]: Ekwesiri ikuziri ndi enweghi aka ọru, ka ha nwe aka ọru. Onye ga ahia aru onye enweghi aka ọru inweta ọru. *It is good to train unskilled people to be skill in a trade.*

Unspeakable – Anapughi Ikwu; [Ekwesighi okwukwu; Ihe Adighi Ekwuekwu]: Ihe okwuru bu ihe anapughi ikwu ekwu. *What he said is unspeakable.*

Unsuitable – Amasighi; [Ekwesighi]: Onye amaghi Jisọs amasighi onye ma Jisọs, ma abia na ọlulu. *One who does not know Jesus is unsuitable for one knows Jesus as regards to marriage.*

Untold – Ekwu beghi ihe: Akuko a ikoro m ugba, ekwu beghi ya. *The story you told me now, has been untold.*

Untouched - Emetughi aka: Chibuzo emetughi olu aka. *Chibuzo left the work untouched.*

Untrue - Abughi eziokwu: Onyinye si n'ihe Ude kwuru abughi eziokwu. *Onyinye said that what Ude said is untrue.*

Unwashed – Akwoghi Akwo: hands - Akwoghi akwo aka ma ilota ahia adighi nma. *Not to have your hands unwashed after coming back from the market is not good.*
Asughi Asu: clothes: Ifunanya hapuru akwa ndia asughi asu. *Ifunanya left these clothes unwashed.*

Unwell – Aru-adighi; [Ahu-adighi; Aru-adiro]: Uzoma jere ileta enyi ya aru na dighi. *Uzoma went to visit his friend that is unwell.*

Unwilling – Achoghi, [Ekweghi]: Ogonnaya gwara m na ndi is'ike bu ndi achoghi ikwekwe. *Ogonnaya told me that stubborn people are unwilling people.*

Unwise – Amaghi ihe; [Ofeke]: Onye n'elupuru nne na nna ya isi amaghi ihe. *A person who disobeys his/her mother or father is unwise.*

Up – Elu: Chizaram no na elu oche. *Chizaram is sitting on a chair. Or Chizaram is sitting on top of the chair.*

Upbringing – Ozuzu; [Izulite; Izunite]: Obioma nwere ezigbo ozuzu. *Obioma have a good upbringing.*

Upcoming – Na abia: Nkechi na abia na onwa na abia. *Nkechi is coming in the upcoming month.*

Uphill - Na Ugwu; [Elugwu; Enugwu]: Ogundu wuru ulo na ugwu. *Ogundu built a house uphill.*

Upkeep - Idokwa; [Edokwa ebe]: Mazi Uche wetara ego eji edokwa be ya. *Mr. Uche brought money for the upkeep of his house.*

Uproot – Ropu, [Fopu; Nghopu]: Chinyere ga ropu ahihia di n'ubi. *Chinyere will uproot the weeds in the garden.*

Upset – Iru mgbaru; [Nkpasu iwe]: Uju onye mere gi iru mgbaru? *Uju who upset you?*

Upside – Ikpọ da iru elu: Kpọ da ite ahu iru elu. *Turn that pot upside.*

Upstairs - Elu; [Enu]: Juwachi nọ n'elu. *Juwachi is upstairs.*

Upstream – N'elu rida miri; [Mgba go miri/mili]: Obiọma n'ese azu na n'elu rida miri. *Obioma is fishing upstream.*

Urge – Ariọ; [Biko]: Anam ariọ Osita ka o ije uka. *Osita urge to go to Church.*

Urgent – Ihe dị nkpa; [Ihe dị ọku ọku; Ngwangwa; Ọsọsọ]: Efuru kpọrọ nzukọ dị nkpa/ọku ọku. *Efuru called an urgent meeting.*

Urinate - Ị̄ṅu amiri; [Nwamiri]: Nwa ṅụrụ amiri. *The baby urinated.*

Urine -Amiri; [Amili; Nwamiri]: Bia ficha amiri nwa. *Come and wipe the baby's urine.*

Us – Ayi; [Anyi]: Ayi nile ga ejere Chineke ozi. *All of us will serve God.*

Use - Eji Me ihe: Nkasi were obube we ghọrọ ube. *Nkasi use the ladder and pluck some pears.*

Useful - Ịba uru [ulu]; Eji eme ihe/[ife]: Ncheta bara nne ya uru. *Ncheta is useful to her mother.*

Useless – Enweghi uru; [Enweghi isi; Enweghi ihe eji ya eme]: Enweghi ihe eji ochie akwa eme. *This old cloth is useless.*

Utensil – Eku na ọku: Chinasa zuru eku na ọku. *Chinasa bought utensils.*

Utter – Ikwu okwu: Ihe ọna ekwu adighi nma okwukwu. *What he said is not worth uttering.*

V

Vacancy - Idi efe; [Idi efu; Ọnodu di efu]: Ọru onye nche di efụ n'ulo ọru Kenechi. *There is vacancy for the post of a security officer at Kenechi's work place.*

Vacation – Ije Ezumike: Ụgwụ n' Ugonna jere ezumike n' Iyi Oguta. *Ugwu and Ugonna went on vacation to Oguta lake.*

Vaccine - Igba ọgwụ: Lotachi gbara umu ya ọgwụ tupu ọkpọlata ha n'ulo. *Lotachi had her children vaccinated before bringing them home.*

Vague - Akpataghi isi n'ọdu; [Ahọtaghị isi n'du; Enweghi isi]: Akpataghị m isi n'odu ihe Kene n'ekwu. *What Kene said was vague to me.*

Valid – Idi nma; Izu oke: Akwukwọ ugbọ ala Somtọchi ka zuru oke. *Somtochi's car documents are still valid.*

Valor/valour - Ndi dike: Devid nwere ndi dike na eso ya. *David had men of valor that follow him.*

Valley – Ndagwurugwu; [Onụnụ]: Ebere nwere ubi na

ndagwụrụgwụ. *Ebere has a farm in the valley.*

Value - Uru; [Ulu]: Akunna bara uru na ulo akwukwọ ha. *Akunna is of value to her school.*

Vandal – Nmebi ihe: Ude jidere ndi mebiri ulo ha. *Ude caught the people that vandalized their house.*

Vegetable - Abubọ nri/nni; Akwukwọ nri: Uchendu kọrọ ubi akwukwọ nri n'azu ulo ya. *Uchendu planted a vegetable garden in his backyard.*

Vegetation – Ọhia/ọfia: Ala Igbo nwere ọtutu ọhia. *The Igbo land has lots of vegetation.*

Vehicle – Ugbọ ala: Nnenna nwere ugbọ ala. *Nnenna has a vehicle.*

Vein – Akwara; [Akwala]: Mama ṅukwu nwere akwala n'ọkpa ya. *Grandmother has veins in her legs.*

Venerate - Ikwanyere ugwu; [Ikwanyelu ugwu]: Ọdi nma ikwanyere Obe a kpọ gburu Kraist ugwu. *It is good to venerate the Crucifix.*

Verge – N'isi: Ọnọ na n'isi ije di. *She is at the verge of getting married.*

Vespers – Ekpere anyasi; [Ekpele mgbede/ugbede]: Fada Keke ga edo ekpere anyasi. *Father Keke will say the vespers.*

Victory – Meri; [Meli]: Jisọs Kraist merili ekwensu n'elu obe Calvari. *Jesus Christ won the victory over satan at the Cross of Calvary.*

Virtue - Ike; [Onyinye amara ọma]: Chineke n'enye ike ime ihe di nma. *God gives us the virtue to do good.*

Vision – Ihụ ọhu [Ifu ọfụ]: De ọhụ ahu n'elu mbadamba-ihe di iche-iche. *Write the vision on different tablets.*

Visit – Je; [Jeluo; Je neta; Pukwu ọlịlị]: Nkasi jere ihu nwanne ya. *Nkasi went to visit her sibling.*

Vitality - Ike: Tobe nwere ike iji gba bọl. *Tobe have the vitality to play ball.*

Vocation – Ihe ekere onye iru; [Ọru aka; Ọkpụkpọ]: Fada Okoro chọputara ihe ekere ọga aru. *Father Okoro found his vocation.*

Voice – Olu; [Onu]: Ebube nwere olu ọma. *Ebube has a good voice.*

Void – Tọgbọrọ nkiti: Uwa tọgbọrọ n'nkiti; owe ruo-oge, Chineke we ke ihe di n'uwa. *The world was void until God created things to inhabit it.*

Volunteer – Olu akwu-ugwọ; [Inye aka]: Umu akwukwọ ruru olu akwu-ugwọ n'ulo akwukwọ ha. *The students did volunteer job in their school.*

Vomit – Agbọ; [Igbọ agbọ]: Nwa gbọrọ agbọ. *The baby vomited.*

Vote – Tu nyere onye ichọrọ; [Họputa madu maka ọru di nmkpa; Uzọ esi eme nhọputa]: Je tu nyere onye ichọrọ ka ọchia ayi. *Go and vote to select our leader.*

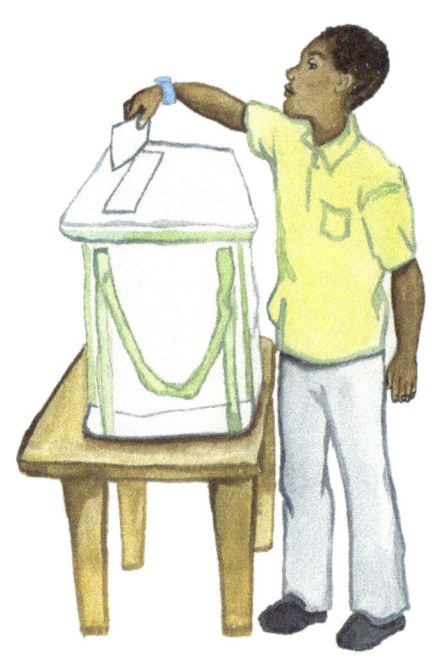

Vow – Nkwa: Adannaya kwere Chineke nkwa n'ọga efe sọ Ya. *Adannaya vowed to God that she will worship Him only.*

Voyage - Njem ugbọ miri; [Mili]: Ukọbasi jere njem ugbọ miri afọ gara aga. *Ukobasi went on a voyage last year.*

Vulture – Udele; [Udene]: Udele n'agbakọ ebe anu adighi ndu dị. *Vultures gather where there are dead animals.*

W

Wad – Ukwu ego: Chetachi bu ukwu ego. *Chetachi is carrying a wad of cash.*

Waddle – Iga ka ọbọgwu: Chika na lele m'akwa nsi nwa adikwa ọfuma, n'ihi n' nwa n'aga ka ọbọgwu. *Chika check if the baby's diaper is well placed, because the baby waddles as he walks.*

Wade – Gafe Miri; Mili[1] Itinye ọnu n'okwu[2]: Nwachukwu gafere miri ahu. *Nwacukwu had to wade through the water.* Achọrọ m ka Uzọamaka tinye ọnu n'okwu a. *I want Uzoamaka to wade into this matter.*

Wage – Ugwọ ọlu: Ndi ulo ọlu Jachinma n'akwu ezigbo ugwọ ọlu. *Jachinma's company pays a good wage.*

Wail – Ịkwasi akwa ike; [Iti mkpu ariri]: Ndia n' a kwasi akwa ike.[1] Ndia n' eti mkpu ariri.[2] *These people are wailing.*

Waist – Ukwu: Ugochi nwere obere ukwu. *Ugochi has a small waist.*

Wait – Chere; [Chelu]: Ada, chere Chukwu. *Ada, wait for God.*

Walk – Iga ije: Ganiru, ga ije, agbala ọsọ. *Ganiru, walk, don't run.*

Wall – Mgbidi; [Igbu aja]: Ejindu ruru mgbidi aja n'oke ala ya. *Ejindu built a wall round the boundary of his land.*

Wander – Waghari: Ndi n'achi aturu na waghari n'ozala. *The shepherds wander in the wilderness.*

Want – Chọrọ: Kedu ihe ichọ?[1] *What do you want?* Echika, ichọrọ iri nri?[2] *Echika, do you want to eat?*

War – Agha: Agha ajọ ka. *War is bad.*

Ward – nmkpuru di n'ulo ọgwu: Nmkpuru di n'ulo ọgwu ahu buru ibu. *The wards in that hospital are big.*

Warm – Adi chaghi ọku/nya oku/da n'oku: Nri ahu adi chaghi ọku.[1] *The food is warm.* Mazi Okeke jere a nya ọku n'isekwu[2] *Mr. Okeke went to warm himself up in the kitchen.* Ga da ofe n'ọku.[3] *Go and warm the soup.*

Warn - Ichi ichi; [Ịdọ aka na nti]: Onye isi ulo akwukwọ chiri Chisom ichi.[1] *The headmaster warned Chisom.* Ijeoma dọ nwa gi aka na nti.[2] *Ijeoma warn your child.*

Warrior – Dike n'agha: Eze Devid bu dike n'agha. *King David was a warrior.*

Warship – Ugbọ miri eji alu/anu agha: Obodo nile di n'akuku miri kwesiri inwe ugbọ miri eji alu agha. *Every town bordered by water should own a warship.*

Wash – Suọ; Sa; Kwọ: Nonso n'a sa akwa.[1] *Nonso is washing the clothes.* Eme kwọ aka gi.[2] *Eme wash your hands.*

Waste – Ịlan'iyi [Mefu; Mgbafu; Ihe Efu]: Chikọta nu iberibe forọ ka ihe ọbula ghara ila n'iyi.[1] *Gather all the remaining pieces so that nothing is wasted.* Ọ na e mefu ego.[2] *He/She wastes money.* Miri ahu n'eme mgbafu.[3] *The water is wasting.* Ije ayi abu ghi ihe efu.[4] *Our journey was not a waste.*

Watch – Che nche; [Nene]: Chetanna na eche nche etiti abali.[1] *Chetanna is on midnight watch.* Ayi chọrọ iga lele ndi egwu.[2] *We want to go and watch the dancers.*

Water – Miri; [Mili]: Jisọs Kraist n'enye miri ndu.[1] *Jesus Christ gives living water.*

Achọrọ m ị ṅu miri.[2] *I want to drink water.*

Waterfall - Nrùda miri [Mili]: Obodo Kenya nwere Nrùda miri. *Kenya has a waterfall.*

Wave – Ebiri miri; [Fe aka]: Ebiri miri da juru.[1] *The wave is calmed.* Ayi ga e fere ha aka.[2] *We will wave at them.*

Way – Ụzọ; [Ilo]: Ndi Umuahia gburu ụzọ ọhu. *Umuahia people constructed a new road.*

Wayward – Igba n'ezi: Ọdi nma n' izuru umu gi nke ọma ka ha ghara igba n'ezi. *It is good to train your children well so that they will not be wayward.*

Weak – Adighi ike: Ukachi adighi ike. *Ukachi is weak.*

Wealth – Uba: Chineke n'enye ike eji aba uba. *God gives power to make wealth.*

Wean – Rapu inye nwata ara; [Ikwusi inye nwata ara]: Arapuru inye Okwuọsa ara. *Okwuosa has been weaned.*

Weapon – Ngw'agha: Mgbe agha ndi Biafra meputara ngw'agha ogbunigwe. *During the war, the Biafrans manufactured a weapon of mass destruction.*

Wear – Yiri; Eyi: Ngọzika, ga yiri uwe oyi.[1] *Ngozika go and wear a sweater.* Oge n'eyi kari ezigbo akwa.[2] *Oge always wears good clothes.*

Weary – Ike gwuru; [Ida mba/yba]: Chineke n'enye ndi ike gwuru ike[1] *God gives strength to the weary.* Ikwesighi ida mba n'ọru a.[2] *You are not supposed to grow weary in this work.*

Weather – Udidi Ubọchi: Kedu ka udidi ubọchi echi ga adi? *How will tomorrow's weather be?*

Weave – Ikpa ihe: Onochie mara akpa nkata [ekete].

Onochie knows how to weave a basket.

Web – Ihe ntughi kọ: Uwa mere ntughi kọ. *The world is a web.*

Wed – Igba akwukwọ: Ha ga agba akwukwọ nso nso a. *They are getting married soon.*

Wedlock – Njikọ nwoke na nwanyi: Ejikọrọ ha njikọ nwoke na nwanyi n'ulo ikpe. *They were joined in wedlock at the court.*

Weed – ahihia; [Afifia]: Okeke na Bosa jere isu ahihia n'ubi. *Okeke and Bosa went to weed in the farm.*

Week – Izu: Chineke mere ubọchi asa dina izu. *God made seven days in a week.*

Weevil – Ọtị: Nye umu ṅuṅu ọka ahu gbara ọti. *Give the birds the corn infested by weevils.*

Weird – Ikpa agwa puru iche: Ijeọma adighi akpa agwa puru iche. *Ijeoma does not act weird.*

Welcome – Nnọ; [Nabata; Izute]: Nnanna nabatara umuaka. *Nnanna welcomed the children.*

Weld – Gbado ọku: Ejiọfọ bikọ nyere m aka gbado ọgu a ọku. *Ejiofo please help me weld this hoe.*

Welder – Onye n'agbado ihe ọku: Mazi Obieke bu onye n'agbado ihe ọku. *Mr. Obieke is a welder.*

Well – Nke ọma/Ọfuma; Olulu miri [Mili]: Ọgugua mara anya ugbọ ala nke ọma.[1] *Ogugua knows how to drive a car well.* Okechukwu ga setere m miri n'olulu miri[2]. *Okechukwu go and draw water from the well.*

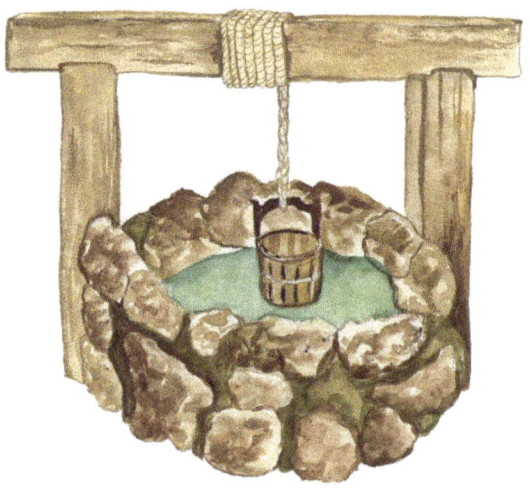

218

Wet – Ede miri; [Igu mili]: Chinasa si n'akwa ya dere miri. *Chinasa said her cloth is wet.*

What – Ihe; Ọgini; [Ọ bu gini]: Kedu ihe n'aku? *What is the time?*

Whatever – Ihe ọbula: Nye Chukwu ihe ọbula inwere. *Give to God whatever you have.*

When – Mgbe; [Oge]: Kedu mgbe iga a bia. *When will you come?*

Where – Ebe: Kedu ebe Uchechi nọ? *Where is Uchechi?*

Wherever – Ebe ọbula: Ebe ọbula inọ, dozie ya nke ọma. *Wherever you are, keep it well.*

Whether – Ma: Ma ha ọ chọrọ ya ma ha achọghi ya Jisọs Kraist nwe meri. *Whether they like it or not, Jesus Christ has the victory.*

Which – Kedu nke: Kedu nke ọ ga ewere? *Which of them will he/she take?*

Whichever – Nke ọ bula: Were nke ọbula ichọrọ. *Take whichever one you want.*

While – Ka: Bia were oche ka ina eche nna m. *Come and have a seat while you wait for my father.*

Whine – Akwa-akwa; [Ibechi si nti]: Biko kwusi ikwa-akwa na nti ayi [ibechi si ayi nti]. *Please stop whining in our ears.*

Whip – Utari: Anaghi ekwe ka apia umuaka utari n'isi. *Is no longer allowed to whip children on the head.*

Whirlwind – Oke ifufe: Oke ifufe kuru n'abali. *There was a whirlwind last night.*

Whisker – Aji agiga ọnu; [Aji nkọ ọnu]: Chidi nwere aji agiga ọnu. *Chidi has whiskers.*

Whisky – Manya ọku; [Mayi ọku]: Ndi di ya ji manya ọku were bia. *Her suitor's family came with whisky.*

Whistle – Ụfịfị; [Ụwịwị]: Gbuoro nkita ahu ụfịfị ka ọ bia. *Whistle to signal the dog to come.*

White – Ọcha: Akosa nwere ugbọ ala ọcha. *Akosa owns a white car.*

Who – Onye: Onye n'abia? *Who is coming?*

Whoever – Onye ọbula: Onye ọbula chọrọ bia. *Whoever wants may come.*

Whole – Nile; [Ha dum]: Achọrọ m ka ndi egwu nile bia. *I want the whole dance troupe to come.*

Wholehearted – Obi zuru oke; [Obi nile]: Ogbonnaya ji obi zuru oke were eto Chineke. *Ogbonnaya praises God whole heartedly.*

Wholesale – Ire n'uku; [ukwu]: Chekwube n'ere ose n'ukwu. *Chekwube sells pepper wholesale.*

Whooping cough – Ukwara nta: Ukwara nta adighi n'ala ayi. *There is no longer incidence of whopping cough in our land.*

Whose - Nke onye: Nke onye ka ọbu? *Whose are these?*

Why - Ọ bu maka gini: Ọ bu maka gini ka iji meya? *Why did you do that?*

Wick - Owu ọku: Chikaọdi nwere owu ọku na mkpanaka ya. *Chikaodi has wick in her lamp?*

Wicked – Igba ajọ madu: Nwunye ya gbara ajọ madu. *His wife is wicked.*

Wide - Ọ sara mbara [Mala]: Okporo uzọ ahu sara mbara. *The road is wide.*

Widespread – Iju ebe nile; [Iju puta nile]: Oziọma nke Chineke juputara ebe nile. *The gospel of our Lord Jesus is widespread.*

Widow - Nwanyi ajadu; [Nwanyi di ya nwuru; Nwanyi isi mkpe]: Eme gbuna nwanyi di ya nwuru/nwanyi ajadu/nwanyi isi mkpe. *Do not oppress a widow.*

Widower - Nwoke nwunye ya nwuru: Ụfọdu umu nwoke nwunye ha nwuru adighi alughari nwanyi. *Some widowers never remarry.*

Wild – Ohia: Agu bi n'ọhia. *Tigers live in the wild.*

Wildfire – Ọku ọzara: *Ọku n'agba n'ọzara. There is a wildfire.*

Wilderness – Ọke ọzara: Chineke duru umu Isreli n'ọke ọzara. *God led the children of Israel in the wilderness.*

Will – Ga: Ọ ga aga. *She will go.*

Willing – Kwere; [Nmasi]: Ebere ikwere? *Ebere, are you willing?*

Win – Meri; [Rita]: Ọmọkachi ga emeri n'asumpi egwu bọlu. *Omokachi will win in this soccer game.*

Wind – Ifufe [Ikuku]: Ifufe kuru n abali di ike. *There was a strong wind last night.*

Window – Oghere ulo: Chiọma si na oghere ulo were nyem akwukwọ. *Chioma gave me the book through the window.*

Wine – Manya-Nkwu Elu; [Manya-Ngwọ; Mayi; Nmi]: Manya-nkwu elu [enu] di utọ. *The palm wine is sweet.*

Windy – Ifufe nefe [Ikuku n'eku]: Ifufe nefe kari oge ugụrụ. *It is usually windy during the harmattan.*

Wing – Nku: Ṅuṅu nile nwere nku. *All birds have wings.*

Wink – Igbu iku-anya; [Atabi Anya; Ntabi anya]: Ayi ga ala ma m ntabi ere gi anya. *We will leave once I wink at you.*

Wipe – Hicha; [Hichapu]: Chiso hichapu oche. *Chiso wipe the chair.*

Wisdom – Amam-ihe: Amam-ihe amaka. *Wisdom is good.*

Wish – Ihe Bu Obim; [Echiche obi]: Ihe obim bu ka ayi merie. *My wish is for us to win.*

With – Na: Ejike na ndi ọlụ ya nọ. *Ejike is with his workers.*

Withdraw – Sewuru; [Sepu; Wepu]: *Sewuru ndi agha.* Withdraw the soldiers.

Wither – Nkpọnwu: Akwukwọ a mere nkpọnwu. *The leaves are withered.*

Withhold – Zọdọ ịhe; ịjigịde: Ndi ọlụ Njaka achọghị ịjigịde ugwọ ọlụ ya. *Njaka's work place does not want to withhold his salary.*

Within – Ime: Nma si n'ime obi. *Beauty is within the heart.*

Without – Azu; [Ejighi]: Ezi pula umuaka n'ulo akwukwọ ma ha ejighi ugwọ akwukwọ. *Don't send the children to school without the school fees.*

Witness – Ihe-Ama; [Igba aka ebe; Onye aka ebe]: Osisi oji gabu kwa ihe-ama. *The colanut tree will be a witness.*

Woe – Ahuhu; [Afufu]: Ahuhu ga adiri ndi adighi atu egwu Chukwu. *Woe to people who do not fear/revere God.*

Wolf – Agu Onwulu [Nkita Ọhia]: Nkita ọhia bi n'ọhia. *The wolf lives in the forest.*

Woman – Nwanyi: Maria di Asọ bu ezigbo nwanyi. *Holy Mary is a good woman.*

Womb - Akpa Nwa: Umu nwanyi nile nwere akpa nwa. *Every woman has a womb.*

Womenfolk – Ndi Umu nwanyi: Ndi umu nwanyi di n'udi. *The womenfolk are in splendor.*

Wonder – Ihe-Ebube; [Ihe-Atu]: Chukwu n'eme ihe-ebube. *God does wonder.*

Wonderful – Di Ebube; [Ihe itu n'anya]: Onyeabo mere ọlụ di ebube. *Onyeabo did a wonderful job.*

Wood – Osisi: Je gbutere m osisi. *Go and cut wood for me.*

Word – Okwu: Okwu gi di nma. *Your word is good.*

Work: Ọlu [Ọru]: Ebido la m ọlu. *I have started work.*

Working - Ọlu: Jideọfọ, ị na alu ọlu ta? *Jideofo, are you working today?*

Workable – Ọdi Omume; [Ọga ekwe ọmume]: Ihe ikwuru di ọmume. Mọ Ihe ikwuru ga ekwe ọmume. *What you said is workable.*

World – Uwa: Chukwu nwe uwa. *God owns the world.*

Worldwide – Uwa Nile: Uwa nile n'ahu ọnwa. *The moon is seen worldwide.*

Worm – Ikpuru: Azu ahu gbara ikpuru. *That fish is infested with worms.*

Worry – Echegbula; [Nechegbu; Itu n'uche; Itu ujọ; Echiche; Obi iru uju]: Ihe gbasara Nkechi echegbula gi. *What concerns Nkechi should not worry you.*

Worship – Kpọ Isi Ala [Ịfe ofufe]: K'ayi kpọ isi ala nye Chineke. *Let us worship God.*

Worth – Ruru; [Okwesiri; Pụrụ]: Adama ruru eze. *Adama is worth being married to a worthy man like a king.*

Worthless – Efu; [Ọpughi ihe ọ bula]: Nnu agwara aja bu ihe efu. *Salt mixed with sand is worthless.*

Wound – Ọnya: Nzube nwere ọnya n'aka ya. *Nzube has a wound on her palm.*

Wrapper – Akwa Ọmuma: Umu nwanyi nile ga ama akwa ọmuma. *All the women will tie a wrapper.*

Wrath – Ọnuma; [Ịwe ọku]: Chineke ga eji ọnuma da kwasi ndi nmehie. *The wrath of God will fall on sinners.*

Wreck – Oke nmebi: Ha e soghị n'ihe oke nmebi mere n'Akọkwa. *They were not involved in the wreck at Akokwa.*

Wrestle – Mgba; [Igba mgba]: Okoye na Dike ga agba mgba. *Okoye will wrestle with Dike.*

Wrist – Nkwonkwo-aka; [Nkeji aka (a part of the hand)]: Udeaku gba mgba aka na nkeji aka ya. *Udeaku is wearing a bracelet on her wrist.*

Write – De ihe: Amara mara e de ihe. *Amara can write.* **Wrote** (Past tense): Amara dere akwukwọ. *Amara wrote a book.* **Writer** (Person): Ọ bu onye n'ede ihe. *He/She is a writer.*

Wrong – Meghe; [Mejọ; Ihe ọjọ; Ihe adighi nma; Ọdighi nma]: Obiọma meghere Udoka. *Obioma wronged Udoka.*

X

Xylophone - Ekwe; [Ngedegwu; Wogholo]: Ayi mara akụ wogholo. *We can play the xylophone.*

X-ray – Ihe onyonyo ịme aru; [Ahu]: Ha sere Chisa onyonyo ime aru ka a mara na ọgbajiri ọkpukpu. *They took an x-ray to ascertain if Chisa broke a bone.*

Y

Yam – Ji: Papa ṅukwu m kere ji n'ọba ya. *My grandfather* *stored yams in his barn.*

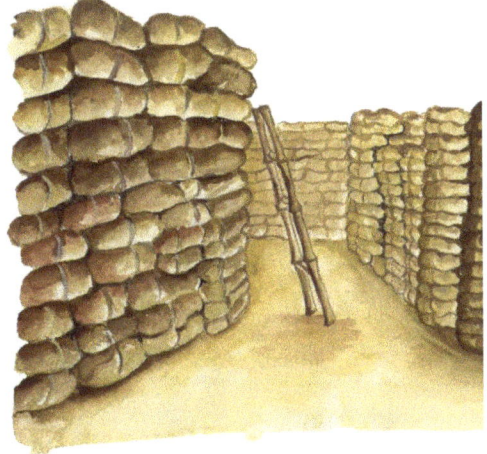

Yarn – Ogho; [Owu]: Eloka nyere m ogho ya. *Eloka gave me his yarn.*

Yawn – Ughere: Soluchi n'ehe ughere. *Soluchi is yawning.*

Year - Arọ; [Afọ; Aghọ]: Ọ fọro arọ abua ka Okwuọsa agusia akwukwọ. *It remains two years for Okwuosa to complete his education.*

Yearn – Agusi ike; [Ichọ si ike]: Ije Jerusalem na agusim ike. *I yearn to go to Jerusalem.*

Yell - Kpọ nkpu; [Gbọ uja; Iti Nkpukpọ]: Bukue n'eti nkpu. *Bukue is yelling.*

Yellow – Edo: Anayọ yi uwe na acha edo. *Anayo is wearing a yellow outfit.*

Yes -É: Nebo ị nuru miri? É, anuru m miri. *Nebo did you drink water? Yes, I drank water.*

Yesterday – Ụnyaahụ; [Nnya ahu]: Ndi enyi m biara ụnyaahụ. *My friends came yesterday.*

Yet – Ma: E nyere Ọgọ ego ma oweghi ya. *Ogo was given money, yet he didn't take it.*

Yore – Oge mgbe ochie: Adighi eme ya n'oge mgbe ochie. *It was not allowed in the yore.*

Young - Nwata: Umu ya ka bu cha nwata. *His children are all young.*

Your - Nke gi: Chinedu, nke a bu nke gi. *Chinedu, this is your own.*

Yourself - Onwe gi: Ọdi nma ka imara onwe gi. *It is good to know yourself.*

Youth - Ndi okorobia na agbọghọbia (ntorobia): Ndi okorobia na agbọghọbia n'ala Igbo na erubere nne na nna ha isi. *The youths in Igbo land respect their parents.*

Yummy – Ọ tọrọ ụtọ: Ji akpu nke a tọrọ utọ. *This African salad is yummy.*

Z

Zeal – Ekworo; [Obi inu ọku]: E nwerem ekworo n'ihe gbasara Chineke. *I have zeal for the things of God.*

Zealous(v) – Ekworo ekwo; [Obi nanu ọku]: Buchi ekworo ekwo n'ebe Jisọs Kraist nọ. *Buchi's heart is zealous for Jesus Christ.*

Zig-zag – Jagara jagara: Ihe Chidera dere bu sọ jagara jagara. *What Chidera wrote was zig-zag.*

www.ingramcontent.com/pod-product-compliance
Lightning Source LLC
LaVergne TN
LVHW070525070526
838199LV00073B/6707